保育の現場を知る

◆編集委員◆民秋　言・小田　豊・栃尾　勲・無藤　隆・矢藤誠慈郎

新
保育
ライブラリ

幼稚園実習 [新版]

民秋　言
安藤和彦・米谷光弘
上月素子・大森弘子　編著

北大路書房

新版に向けて　編集委員のことば

　本シリーズは，平成29年3月に幼稚園教育要領，保育所保育指針，幼保連携型認定こども園教育・保育要領，さらに小学校学習指導要領が改訂（改定）されたことを受けて，その趣旨に合うように「新 保育ライブラリ」を書き改めたものです。また，それに伴い，幼稚園教諭，小学校教諭，保育士などの養成課程のカリキュラムも変更されているので，そのテキストとして使えるように各巻の趣旨を改めてあります。もっとも，かなり好評を得て，養成課程のテキストとして使用していただいているので，その講義などに役立っているところはできる限り保持しつつ，新たな時代の動きに合うようにしました。

　今，保育・幼児教育を囲む制度は大きく変わりつつあります。すでに子ども・子育て支援制度ができ，そこに一部の私立幼稚園を除き，すべての保育（幼児教育）施設が属するようになりました。保育料の無償化が始まり，子育て支援に役立てるだけではなく，いわば「無償教育」として幼児期の施設での教育（乳幼児期の専門的教育を「幼児教育」と呼ぶことが増えている）を位置づけ，小学校以上の教育の土台として重視するようになりました。それに伴い，要領・指針の改訂（改定）では基本的に幼稚園・保育所・幼保連携型認定こども園で共通の教育を行うこととされています。小学校との接続も強化され，しかし小学校教育の準備ではなく，幼児期に育んだ力を小学校教育に生かすという方向でカリキュラムを進めることとなっています。

　保育者の研修の拡充も進んでいます。より多くの保育者が外部での研修を受けられるようにし，さらにそれがそれぞれの保育者のキャリア形成に役立つようにするとともに，園の保育実践の改善へとつながるようにする努力と工夫が進められています。全国の自治体で幼児教育センターといったものを作って，現場の保育者の研修の支援をするやり方も増えています。まさに保育の専門家として保育者を位置づけるのみならず，常に学び，高度化していく存在として捉えるように変わってきたのです。

　そのスタートは当然ながら，養成課程にあります。大学・短大・専門学校での養成の工夫もそれぞれの教育だけではなく，組織的に進め，さらに全国団体

でもその工夫を広げていこうとしています。

　そうすると，そこで使われるテキストも指導のための工夫をすることや授業に使いやすくすること，できる限り最近の制度上，また実践上，さらに研究上の進展を反映させていかねばなりません。

　今回の本シリーズの改訂はそれをこそ目指しているのです。初歩的なところを確実に押さえながら，高度な知見へと発展させていくこと，また必ず実践現場で働くということを視野に置いてそこに案内していくことです。そして学生のみならず，現場の保育者などの研修にも使えるようにすることにも努力しています。養成課程でのテキストとして使いやすいという特徴を継承しながら，保育実践の高度化に見合う内容にするよう各巻の編集者・著者は工夫を凝らしました。

　本シリーズはそのニーズに応えるために企画され，改訂されています（新カリキュラムに対応させ，新たにシリーズに加えた巻もあります）。中心となる編集委員4名（民秋，小田，矢藤，無藤）が全体の構成や個別の巻の編集に責任を持っています。なお，今回より，矢藤誠慈郎教授（和洋女子大学）に参加していただいています。

　改めて本シリーズの特徴を述べると，次の通りです。第一に，実践と理論を結びつけていることです。実践事例を豊富に入れ込んでいます。同時に，理論的な意味づけを明確にするようにしました。第二に，養成校の授業で使いやすくしていることです。授業の補助として，必要な情報を確実に盛り込み，学生にとって学びやすい材料や説明としています。第三に，上記に説明したような国の方針や施策，また社会情勢の変化やさらに研究の新たな知見に対応させ，現場の保育に生かせるよう工夫してあります。

　実際にテキストとして授業で使い，また参考書として読まれることを願っています。ご感想・ご意見を頂戴し次の改訂に生かしていきたいと思います。

2019年12月　　編集委員を代表して　無藤　隆

はじめに

　おおよそ「学習する」・「学ぶ」というためには，その者に主体性，自主性が不可欠の条件となる。すなわち，自ら課題意識をもち，みずからの意志で「学ぶ」ことの姿勢をもつことである。

　保育者養成課程には，保育者としての免許や資格を得るために習（取）得しなければならない単位（科目）が用意されている。それは原理（論）から実技にいたるまで多岐にわたる。いずれもたいせつな単位（科目）である。

　よきはたらきをする保育者になるためには，当然ながら，学ぶ者の基本的姿勢，すなわちさきに掲げた主体性・自主性が問われてくる。もちろん，教育する側の資質が問われることもいうまでもない。

　学ぶ者が主体性・自主性をもつためには，学ぶことの「楽しさ」「おもしろさ」を体験できることが必要であろう。また，学ぶことの「必然性」や「たいせつさ」を体験することも不可欠であろう。

　こうした体験のためには，みずからがその学ぶ対象に直にふれ，共感する機会が用意されることが欠かせないであろう。養成課程では「実習」がそれに該当する。それは，具体的には，幼稚園や保育所，施設での教育実習，保育実習である。

　実習では，子どもたちに直に話し，聴くなど対処をする。保育者のはたらきを直にみて，経験もできる。保護者のありようを目の当たりにする。その結果，学ぶことの「楽しさ」「たいせつさ」を体験する。

　本書は，こうした実習を実りある養成課程の単位（科目）とするに資するよう編集した。実習についての類書は数多ある。いずれもすぐれた評価を得ていることだろう。しかし，私たちは養成校の教育として私たちなりにより満足の得られるものをつくりたいとかねがね思い，話し合ってきた。

　その結果，実習生として出向く学生のみならず，教員にもより有効に活かされる形式として，「Q & A」方式をとったのである。実習の場で，あるいはその事前，事後学習に直接役立つパターンを採用したのである。また，実習は，保育，福祉の実践の場で働く先生方にもご指導を得なければならない性格のも

のである。したがって，実践に携わる先生方にも実習指導の一助となるよう，意を尽くした。

　本書は，実習を幼稚園，保育所，施設とに分けてそれぞれ編集したなかの1冊であり，いわば，実習シリーズ（全3巻）ともいうべきものである。

　その編集方針はいずれの巻も，上記に述べたとおりである。執筆者，資料を提供いただいたり，貴重な意見を賜った先生方，また，北大路書房の関係者など，この書を上梓するにあたりお世話になったすべての方々に感謝する次第である。

2009年2月　　編　者

　本書は2009年に発刊して以来，10年を迎えた。その間，多くの保育者養成校の教員や学生の方々に高い評価をいただき，今日まで使用していただき誠にありがたく思う。

　近年，保育を取り巻く環境は大きく変わり，したがって保育者養成にも様々な課題が求められてきている。なかでも2018年に幼稚園教育要領，保育所保育指針等が改訂（定）されたことは，本書を見直すよい機会となった。

　このたびの本書改訂では，実習前，実習中，実習後の各段階における「確認のポイント」や実習指導案例などの項目を盛り込み，内容を補強した。

　もとより，実習の意義とその重要性については，従来と何ら変わるものではない。読者諸兄姉の実習に本書を有効に生かしていただきたい。そして，さらなる学びを進めていただきたい。

　なお，本書に不備な点等があれば，今後改めていきたいと考えている。ご意見・ご叱正をいただければ幸いである。今回の出版に際し，励ましとご尽力をいただいた北大路書房の若森乾也・大出ひすい両氏に深甚の謝意を表す。

2019年12月　　編　者

もくじ

編集委員のことば
はじめに

第1章　幼稚園実習の基礎知識 ……………………………………………………… 1

　1節──幼稚園実習（科目） ……………………………………………………… 4

　　Q1　幼稚園実習は何のためにある（する）のでしょうか？　　4

　　Q2　幼稚園実習で学ぶものは何でしょうか？　　5

　　Q3　幼稚園実習の全体計画を教えてください。　　6

　　Q4　幼稚園実習をするための手続きはどのようにするのでしょうか？　　7

　　Q5　実習する幼稚園はどのように決定されますか？　　8

　　Q6　教育実習と他の教科との関連を教えてください。　　9

　　Q7　なぜ幼保連携型認定こども園ができたのでしょうか？　　10

　　Q8　幼稚園・保育所・認定こども園について教えてください。　　11

　2節──幼児教育 …………………………………………………………………… 13

　　Q9　幼児教育・保育の現場や養成校における新しい動きを教えてください。　　13

　　Q10　幼稚園の役割は何でしょうか？　　15

　　Q11　現代の幼稚園を取り巻く課題は何ですか？　　17

　　Q12　幼稚園と認定こども園の1日の流れを教えてください。　　19

　　Q13　幼稚園の教育課程，指導計画について教えてください。　　20

　　Q14　日々の指導案はどのようにつくられるのですか？　　23

　　Q15　いろいろな保育形態について教えてください。　　26

　3節──子ども理解 ………………………………………………………………… 28

　　Q16　幼児期の子どもはどのような存在ですか？　　28

　　Q17　子どもの活動面・生活面で発達に応じてできること，できないことを大まかに教えてください。　　29

　　Q18　いまの子どもの傾向と特徴について教えてください。　　32

　　Q19　子どもの間で流行っていること（遊びや歌・テレビ番組）について調べたいです。　　34

　　Q20　幼稚園教育の目標は何ですか？　　35

　　Q21　家庭と地域と幼稚園の関わりはどうなっているのでしょうか？　　36

　　Q22　家庭で育つことと幼稚園に通って育つことのちがいは何ですか？　　37

　第1章の確認のポイント ………………………………………………………… 38

第**2**章　実習までに確認しておきたいこと ……………………………………… **39**

　1節──実習園決定から事前訪問（オリエンテーション）まで …………………… 42

　　Q23　学内での事前指導は何のためにあるのですか？　　42

　　Q24　学内での事前指導では何をするのですか？　　43

　　Q25　実習の目標やねらいを教えてください。　　45

　　Q26　実習はテーマを決めて臨むとよいと聞きました。実習のテーマ
　　　　　とは何ですか？　どのように決めればよいですか？　　46

　　Q27　実習園の事前指導は，いつごろ受けるのがよいですか？　　47

　　Q28　実習園の事前指導を受けるときの心がまえを教えてください。
　　　　　48

　2節──事前訪問から幼稚園実習まで ……………………………………………… 49

　　Q29　実習を前にして不安がいっぱいです。実習直前で最も大切なこ
　　　　　とは何ですか？　　49

　　Q30　事前実習ではどのような内容を尋ねればよいのでしょうか？
　　　　　51

　　Q31　実習生としてふさわしい服装や態度，言葉づかいはどのような
　　　　　ものですか？　　54

　　Q32　初めてのクラスでの挨拶はどうすればよいですか？　　55

　　Q33　実習中，メモはどのようにとればよいですか？　　56

　　Q34　子どもといっしょに食べるのですが，お弁当が必要ですか（持
　　　　　ち物の確認）？　　57

　第2章の確認ポイント ……………………………………………………………… 58

第**3**章　実習が始まったら ………………………………………………………… **59**

　1節──実習中に学ぶこと …………………………………………………………… 62

　　Q35　実習期間中の心がまえとポイントを教えてください。　　62

　　Q36　幼稚園に到着してから子どもが登園するまで，実習生は何をす
　　　　　ればよいのですか？　　64

　　Q37　登園してくる子どものようすを見るポイントを教えてください。
　　　　　65

　　Q38　見学・観察・参加・指導実習があると聞きました。ちがいを教
　　　　　えてください。　　66

　　Q39　見学実習の目的，気をつけること，学ぶポイントを教えてくだ
　　　　　さい。　　68

　　Q40　観察実習の目的，気をつけること，学ぶポイントを教えてくだ

さい。　69

Q41　自由な時間の子どもとの関わり方を教えてください。　70

Q42　食事の時間の実習生の動きと見方のポイントを教えてください。
71

Q43　実習反省会は何をするのですか？　どのような姿勢・態度で臨
めばよいですか？　72

Q44　実習中に幼稚園の創立記念日や災害などによる休日があった場
合，実習を延長するのですか？　73

Q45　実習中に採用試験を受けたいのですがどうすればよいですか？
74

2節──**実習記録について** ……………………………………………………… 75

Q46　実習日誌は何のために書くのですか？　75

Q47　実習日誌は毎日書くのですか？　76

Q48　実習日誌の書き方について教えてください。　77

Q49　実習日誌を書くときの表現で注意しなければならないことは何
ですか？　78

Q50　実習日誌を書くのに時間がかかると聞きます。要点を押さえた
書き方を教えてください。　79

Q51　「考察」の欄にはどのようなことを書けばよいのでしょうか？
80

3節──**指導案について** ………………………………………………………… 81

Q52　指導案は何のために書くのでしょうか？　81

Q53　参加実習には指導実習（部分実習と責任実習）があると聞きま
した。それぞれのポイント・注意点を教えてください。　82

Q54　部分実習の題材は，何をヒントにすればよいのですか？　85

Q55　責任実習を任せられた場合の題材の考え方，展開のしかたを教
えてください。　87

Q56　日案と部分指導案の書き方のポイントを教えてください。　88

4節──**保育教材の用意と指導の心がまえ** ……………………………………… 90

Q57　手遊びの指導方法を教えてください。　90

Q58　子どもとの関わりで活用できる遊びを教えてください。　92

Q59　簡単で楽しめるゲーム遊びとその指導のポイントを教えてくだ
さい。　93

Q60　絵本や紙芝居を読み聞かせるときの注意点を教えてください。
94

Q61　壁面装飾はどう考えたらよいのですか？　96

Q62　園で活用するために常に持っておきたいもの，用意しておけば

助かる教材があれば教えてください。　98

Q63　保育教材は園のものを使わせてもらってよいのでしょうか？
100

Q64　造形遊びで簡単にでき，子どもが楽しめるものは？　101

Q65　造形が苦手で，不器用でアイデアも浮かばず，絵も描けません。
実習中に，何かつくって，といわれたらどうすればよいのでし
ょうか？　103

Q66　製作をするときの指導の順序を教えてください。　104

Q67　年齢に応じた造形活動とはどのようなものですか？　105

Q68　行事のとき，何かしてほしいといわれました。どうすればよい
ですか？　106

Q69　運動会のシーズンの実習で何をしたらよいか教えてください。
107

5節──子どもたちとの関わり ………………………………………………… 108

Q70　保育ができるか不安です。保育者らしくやれるでしょうか？
108

Q71　クラスの子ども全員に目を配ろうとするのですが，なかなかで
きません。よい方法がないでしょうか？　109

Q72　子どもの注意・関心を引きつけるための，説明のしかたのポイ
ントを教えてください。　110

Q73　子どもといっしょに遊んでいたら，そこから抜けられなくなっ
てしまいました。どうすればよいでしょうか？　111

Q74　遊びに入れない子どもにはどう接したらよいですか？　112

Q75　楽しく遊んでいるところへ邪魔しにくる子どもに，どう対処す
ればよいですか？　113

Q76　特定の子どもが離れてくれません。どう対応すればよいです
か？　114

Q77　泣いている子どもにはどう対応すればよいでしょうか？　115

Q78　子どもたちがふざけ出し，収拾がつかなくなりました。どうす
ればよいですか？　116

Q79　朝の身辺整理のときどのくらい手伝えばよいのかわかりません。
117

Q80　「おかたづけ」といってもなかなか遊びをやめてくれない場合，
どのように対処（言葉かけ）すればよいのでしょうか？　118

Q81　大勢の子どもを，楽しくのびのびと活発に遊ばせるための，安
全対策,危険への気くばりのポイントを教えてください。　119

Q82　子どもがけがをした場合，どう対処すればよいですか？　120

Q83 子ども同士のけんかの場面，実習生はなるべく見守ったほうが
よいのですか？　122

Q84 子どもに注意するときはどのような点に気をつければよいです
か？　124

Q85 「けじめのある態度で接してください」と言われましたが，具体
的にどのようにすればよいのでしょうか？　125

6節──配慮が必要な子どもたちとの関わり ……………………………………… 126

Q86 噛み付いたり，乱暴する子どもへの対応のしかたを教えてくだ
さい。　126

Q87 障害のある子どもがクラスにいます。対応のしかたを教えてく
ださい。　127

Q88 外国にルーツのある子どもがクラスにいます。対応のしかたを
教えてください。　128

Q89 幼小連携について教えてください。　129

7節──保育者や保護者との関わり …………………………………………………… 130

Q90 実習園の保育者とうまくコミュニケーションがとれるか不安で
す。信頼関係を築くために何に気をつければよいでしょうか？
130

Q91 保育者はいつも忙しそうにされています。どんなときに質問す
ればよいのでしょうか？　131

Q92 保護者と接するときの注意事項を教えてください。　132

Q93 子育て支援について教えてください。　133

第3章の確認のポイント ……………………………………………………………… 134

第4章 実習が終わったら ……………………………………………………… **135**

Q94 実習の評価はどのように行われているのでしょうか？　138

Q95 学内での事後指導は何がありますか？　139

Q96 お礼の手紙の書き方は？　140

Q97 実習経験をその後の学習にどう生かせばよいのでしょうか？
142

第4章の確認のポイント ……………………………………………………………… 143

付録　実習記録の書き方と指導案例　145

資料　幼稚園教育要領　目次／幼保連携型認定こども園教育・保育要領　目次／
認定こども園と保育所・幼稚園との比較表　151

引用（参考）文献　156

第 1 章

幼稚園実習の基礎知識

1．幼稚園実習（科目）（Q1～8）
2．幼児教育（Q9～15）
3．子ども理解（Q16～22）

1 実習前に確認しておきたい基礎知識

実習をするにあたって，

①「保育者」「幼稚園」といった基礎的な用語の理解

②幼稚園実習という科目でなにを行うか

③幼児教育・保育現場について

④子ども理解

⑤幼稚園教育の目的と五領域

にまつわる基礎知識を再確認しておくことが大切です。第1章のQ＆Aを見て，自分が説明できる自信のないものについて，重点的に確認するようにしましょう。

2 保育者とは，幼稚園とは？

保育者とは，幼稚園教諭と保育所保育士，認定こども園保育教諭などのことを言い，就学前教育機関や児童福祉施設において，乳幼児の保育に携わる職業のことです。

幼稚園は，学校教育法によると，小学校・中学校・高等学校・大学・高等専門学校・盲学校・聾学校・養護学校などと同様に学校のひとつとして，文部科学省の管轄であり，各都道府県の教育委員会の監督下にあります。

幼稚園では，就学前教育として，就学始期に達するまでの満3歳以上の幼児を保育し，適当な環境を与え，その心身の発達を助長することを目的としています。

3 幼児教育・保育現場や養成校における動き

今日の国際化・高齢化・過密情報化・教育過熱化社会の4K化時代の到来を迎え，幼児教育・保育現場では現代的重点課題である国際理解・健康・環境・情報などを教育テーマにしています。また，幼小の一貫カリキュラムにおいても，幼児期の遊びをとおした総合的な活動は，先駆者の教育や保育に対する知恵であり，以前の小学校の低学年で登場した生活科などの合科的な教育に始まり，現在の小学校・中学校・高等学校で新しく登場した総合的な学習のさきがけであると考えられます。具体的には，幼稚園から小学校への滑らかな接続の

ための幼児教育や幼小連携の在り方が問われています。このことは，幼稚園に
おける望ましい幼児教育・保育を担う保育者に，一層の高い指導力と深い洞察
力が必要であることを意味しています。

　このような背景から，「教育基本法」が改正（2006年）され，「幼児期の教
育」というかたちではじめて条項が入り，幼稚園が，家庭や地域とともに幼児
期の教育を進めることが明記されています。この改正を受けて，教員免許更新
制度が導入され，幼稚園教諭も小学校・中学校・高等学校の教員と同様に，社
会の信頼とニーズに応えることを目的に最新の専門知識技能を身に付けること
が求められるようになり，保育者の役割は重要度を増しています。また2006
（平成18）年に，幼稚園と保育所のよいところを活かしながら，その両方の役
割を果たすことができる認定こども園が創設されました。さらに最新の動きと
して，教育費への補助を求める保護者の意見などに応え，2019（令和元）年10
月より，３〜５歳の子どもの保育料が無償化されています。

　これからも，子どもたちの未来のためにも，「環境をとおした教育」や「幼
児期からの心の教育」の重要性と結びつけていかなければならないでしょう。

❹ めざすべき保育者像

　幼稚園に入園できる満３歳とは，「三つ子の魂百まで」と言われるように，
人格形成や人生の基礎となる大切な時期であることを忘れずに，子どもととも
に育つ喜びを体験していきましょう。幼児教育に携わるためには，愛情と保育
の知識・技能だけでなく，保育哲学をもった子どもの代弁者として，子どもか
らも好かれ，保護者からも依頼される保育者をめざしてください。

　第１章では幼稚園実習の基礎知識について，この後のＱ＆Ａで解説していき
ます。

Q1 幼稚園実習は何のためにある（する）のでしょうか？

A 幼稚園で園児を指導するためには，幼稚園教諭免許が必要であり，1種（4年制大学・短期大学の専攻科）と2種（短期大学や専門学校等）とに区別されます。大学院研究科や大学専攻科に進学し，所定の単位を取得すれば，小学校以上の免許と同様に専修免許の資格が得られますが，これらの教職教育課程のなかでも教育実習関係の科目は，特に重要です。

幼稚園の教育実習では，実習前のオリエンテーション・事前・事後指導・教育実習研究なども学ぶ必要があります。たんに，実習期間中に幼稚園の教育現場に通い，保育の見学や手伝いをすればよいのではありません。日ごろの学生生活とは異なった環境のなかで，実際に園児と生活をともに過ごし，実習生といえども，保護者は幼稚園の教職員の一員として見ていることを忘れてはならないのです。また，園児にとっては学生ではなく先生であり，責任のある行動をとるように努めなければならないでしょう。

実習では，いっしょに遊んだり，活動することにより，幼児期の全面的な発育・発達のあり方を捉えながら，個人や集団の成長過程を観察し，実習園の環境構成や園行事ごとの保育指導の展開を記録したり，実習指導の保育者の日常保育に対する姿勢や子どもへの接し方・クラス運営のしかたを学びます。同僚や保護者と対話し，子どもへの愛情や保育への要望を知ることは，まさに人との出会いによるものであり，養成校では学ぶことのできないものです。保育者としての資質を高め，人間として大きく成長できる機会に感謝して，多くのことを学びましょう。

しかし，少子化傾向にある現在，子どもの育ちや園児数減少の対応策として保育に特色をもたせる園もふえています。また，幼児が満3歳になれば，年度初めを待たずに，プレ保育（2歳児保育）をできるようにもなりました。

したがって，実習先にはいろいろなタイプの幼稚園があります。養成校で習ったことと違った保育方針・形態・内容・方法であっても，その園の立場や子どもの幸せを理解し，謙虚に学ぶという姿勢が大切です。

幼稚園実習で学ぶものは何でしょうか？

A　　幼稚園の実習は，いままで養成校で学んだことを活かすために，保育現場において幼児と実際に接することにより，「理論の実践化・実践の理論化」を試みる体験学習の場です。

夏の日は日差しがきついのでお肌に悪いとか，冬の日は雪が降って寒いから外へ出て遊ぶのをやめようとか，今日は雨の日だから室内でする遊びだけを展開しようとかなど，子どもの立場にたたないで，自分勝手な保育を展開しようとしていませんか？

「子どもは風の子」です。部屋のなかでじっとしているのではなく，自然のなかで，季節を感じながら，元気に遊ぶことが保育の基本であり本来の姿です。

幼児の場合，絶えず体を動かすだけでなく，年齢が大きくなるにつれて興味や関心も変化していき，心身の発達とともに行動範囲も拡大し，集団のなかで遊びながら，将来社会の一員になるために，いろいろなことを経験しています。

保育のなかで，遊びを通して子どもたちと人間関係を築き，信頼関係を深めていくためには，相当な体力と気力が求められることを実習生は忘れないでください。

歌を歌ったり，楽器を弾いたりと音楽を楽しむ子，造形物を製作したり，絵を描いたりすることを好む子，自分の気持ちを体で表現したり，いろいろな運動をすることが好きな子など，それぞれの才能や個性を伸ばすことにより，健康で元気な子どもに育ってほしいものです。保育者自身にも，音楽・図画工作・体育・芸術等に対する素養が必要です。こういった分野で自信のない人もいるかもしれません。しかし，絵を描くのが下手でも，製作の指導が得意な保育者はいます。泳げなくとも，水遊びをじょうずに指導できる保育者もいます。つまり，保育者自身がうまいか下手かよりも，絵を描くことや泳ぐことの楽しみをどのように伝えていくかが大切なのです。この実習では，保育内容について熟知していることと，一人ひとりにあった保育方法をいっしょに楽しめるかどうかが重要な鍵となります。

幼稚園実習の全体計画を教えてください。

A 　幼稚園での実習の実施形態は，通年型と集中型とその中間型とに分けられます。通年型とは，毎週決まった曜日に同一の幼稚園で実習を行う形態で，一年を通して，同一の幼稚園で行う場合と半期ごとに幼稚園を変えて行う場合とがあります。集中型とは，実習をある一定期（4週間）をまとめて行うもので，その形態は，1週間と3週間，2週間と2週間，3週間と1週間，4週間連続のタイプがあります。

　どのタイプであっても，実習を始めるにあたって，学内での事前指導が行われ，また，実習先の幼稚園での事前オリエンテーションがあります。実習は，この事前指導や事前オリエンテーションから，すでに始まっている（というように）考えることが必要です。

　学内での事前指導の一般的内容は，次のような内容です。

　①実習の意義・目的・内容について，②幼稚園一般の現状理解，③実習についての心構え，④実習日誌の書き方，⑤実習課題について，⑥事前訪問についての注意，⑦指導案の書き方，⑧実習手続きについて，などです。これら以外に，1日見学を行ったり，現場の保育者から話を聞く機会を設けているところもあります。

　また，実習は，段階的に行われ，一般的には次のように分けられます。①見学・観察実習（見学実習は実習の最初の段階であり，幼稚園の実体を総合的に理解することをおもな目的とし，観察実習は子どもの実態の把握と保育者と子どものふれあいなどの生の姿にふれることを目的としている），②参加実習（保育者の助手としての立場ではあるが，実習指導の保育者の指導を受け，実際の保育活動に参加する段階），③部分実習（実習指導の保育者の指導のもとで，1日の活動のなかのある部分を実習生が中心となって行うことである），④指導実習（実習指導の保育者の指導や助言のもとに，半日または1日の指導計画を立案し，保育活動を実践する段階）。

　なお，実習終了後，学内において「事後指導」が行われます。

幼稚園実習をするための手続きはどのように するのでしょうか？

A 　幼稚園実習を行うための具体的に例をあげて説明を行いますが，これは，あくまでも一例であると考えてください。養成校によって異なります。

　まず，養成校で，教育実習希望先の幼稚園についてのアンケート調査が行われ，依頼先幼稚園の調整が行われます。そして，その結果，養成校より幼稚園に，教育実習の依頼状を送付し，「教育実習承諾書」が幼稚園から返送されてきます。そうすれば，実習先幼稚園名・実習期間の発表が行われます。

　公立幼稚園の場合は，養成校から所轄の市町村教育委員会へ依頼状が送られます。自己依頼の場合は，養成校から発送するのではなく，学生自身が希望する幼稚園を訪ねて依頼することとなります。この場合でもアンケート調査が行われ，調整する場合もあります。

　「承諾書」に公共機関の健康診断書や誓約書などの提出などがしるされていることがあります。そのような場合には，それに従ってください。少なくとも，培養検査は必要でしょう。それもできるだけ実習開始に近いものがよいでしょう。

　実習園が決まれば，実習関係書類（実習生カードなど）の作成が行われます。本人自筆の実習生カードなど，学生が作成するものは期日までに養成校に提出することが重要です。そのうち，養成校では，実習関係書類（実習生カード，実習成績報告書，出席表，オリエンテーション連絡用葉書，返送用封筒など）を実習園に送ります。養成校へ返送されてきたオリエンテーションの日時をしるしたはがきを各自が確認します。なお，オリエンテーションの日時を実習生が，実習園へ連絡して，決める場合もあります。

　その後，実習園でのオリエンテーションに出席して指導を受けます。いよいよ教育実習の始まりです。

　実習終了後，実習園へ行き，お礼を述べ，実習簿を受け取り，養成校へ提出します。実習園へ実習終了後，ただちに，お礼状を出すことを忘れないように。

Q5　実習する幼稚園はどのように決定されますか？

A　養成校では，それぞれの教育方針，地域の状況に基づいて，実習時期や期間を定めています。たとえば，養成校が指定した時期にいっせいに行う場合と，実習生自身と幼稚園とお互いに相談して決める場合とが考えられます。

　実習園を決める方法は，①養成校が依頼園と連絡調整する場合と，②学生が実習希望園へ直接出向いて依頼する自己依頼型とがあります。さらに，もう一つの方法として，③養成校が毎年実習を依頼する園を固定していて，その園へ，配属する方式をとっている養成校もあります。

　①の場合でも，学生の希望を聞いて調整することが多いです。①②の場合の探す範囲や選択のポイントですが，4週間の実習ですので，できるだけ，家から通いやすいところにある幼稚園であったり，自分の出身園であったりというのがよいかもしれません。

　幼稚園の情報については，最近，ホームページを開いている園が多くなりましたので，そこからも情報を得ることができます。これも希望園を選択するための大きな手がかりになると思いますので，利用してみてください。

　そこで自己依頼の方法です。もちろん，約束（アポイントメント）もせずに，突然訪問するのは失礼であり，常識を欠いた行動です。まず，アポをとるための電話をすることが必要です。

　「A短大の○○と申します」「○○幼稚園さんでしょうか」「実習をさせていただきたく，お訪ねしたいと思い電話をさせていただきました」「ご担当の先生はおられますでしょうか」「実習のお願いによせていただきたいと思いますが，いつ，ご都合がよろしいでしょうか」「お忙しいところ申しわけありませんが」「それでは，○月○日の○時に，お邪魔させていただきますので，よろしくお願いいたします。ありがとうございました」

　電話は，先方が切られてから切るようにしましょう。断られたときは，次の希望園に依頼することとします。

Q6 教育実習と他の教科との関連を教えてください。

　幼稚園教諭となるためには，教育実習だけでなく，多様な科目を学ばなければなりません。

　教育実習と他の教科との関連を理解するために，「教職に関する科目」の内容を詳しく見ておきたいと思います。

　①教職の意義等に関する科目は，教職の意義及び教員の役割，教員の職務内容（研修，服務及び身分保障等を含む），進路選択に資する各種の機会の提供等。

　②教育の基礎理論に関する科目は，教育の理念並びに教育に関する歴史及び思想，幼児，児童及び生徒の心身の発達及び学習の過程（障害のある幼児，児童及び生徒の心身の発達及び学習の過程を含む）。教育に関する社会的，制度的又は経営的事項。

　③教育課程及び指導法に関する科目は，教育課程の意義及び編成の方法，保育内容の指導法，教育の方法及び技術（情報機器及び教材の活用を含む）。

　④生徒指導，教育相談及び進路指導等に関する科目は，幼児理解の理論及び方法。教育相談（カウンセリングに関する基礎的な知識を含む）の理論及び方法。

　⑤教育実習は，教育実習Ⅰ，教育実習Ⅱ，教育実習Ⅲ。

　⑥教職実践演習は，保育・教職実践演習，とされています。

　また，幼稚園一種免許状（大卒）の場合は，59単位，二種免許状（短大卒等）は39単位を修得しなければなりません。ここに含まれる日本国憲法2単位，体育2単位，外国語コミュニケーション2単位，情報機器の操作2単位の教育科目は必修です。

　以上のように，教養科目，教科及び教職に関する科目，養成校が独自に設定する科目が重層的に関連し合って構成されているので，科目を構造的に捉えることが大切です。

Q7 なぜ幼保連携型認定こども園ができたのでしょうか？

A 幼保連携型認定こども園（以下，認定こども園）が開設された理由・背景について考えていきます。現代社会の急激な変化に対応し，幼稚園と保育所のよいところを生かしながら，その両方の役割を果たすことができるような新しいシステムをつくろうという観点から，「就学前の子どもに関する教育・保育等の総合的な提供の推進に関する法律」が制定されました。これに基づき，就学前の教育・保育ニーズに対応する新たな選択肢である「認定こども園」が，2006（平成18）年10月からスタートしました。

認定こども園には，地域の事情により，①幼保連携型，②幼稚園型，③保育園型，④地方裁量型の4つのタイプに分かれます。ここで取り上げる「認定こども園」は，認可幼稚園と認可保育所とが連携して，一体的な運営を行うことにより，認定こども園としての機能を果たすタイプのものです。認定こども園の大きな機能は，①就学前の子どもに幼児教育・保育を提供する機能，②地域における子育て支援を提供する機能の2点であり，その背景には，乳幼児をめぐるキーワード「少子化」「子育て支援」「幼保一元化」があります。

では「認定こども園」とはどんな役割があり，そこでの保育者の役割とはどうなのかを見ていくことにします。「認定こども園」とは，小学校就学の始期に達するまでの子どもに教育および保育を行う学校および児童福祉施設です。

ここで働く保育教諭（幼稚園教諭免許状・保育士資格取得者）は，知識・技能を与えることだけではなく，助言・指示・承認・共感・励ましを行います。つまり保育教諭は，子どもの理解者であり共同作業者です。人格形成の時期の重要性を考え，環境を通して行う教育・保育のあり方が問われます。あくまでも園児の主体性を中心にしたものです。また，保育教諭は，子どもにとって信頼感・安心感を与える存在であり，地域・家庭との連携が必要です。保育教諭は，保護者の指導者ではなくパートナーであるべきだと考えます。

幼稚園・保育所・認定こども園について教えてください。

1. 幼稚園とは

　世界の幼稚園の始まりは，1840年にドイツ人，フリードリヒ・フレーベルによるものです。幼稚園の意味は，ドイツ語の Kindergarten で，幼児の花園・庭という意味です。フレーベルは，保育者は庭師であると言っています。庭師は，花・植物の特徴をよく知って育てます。保育者も，子どもの個性をよく理解し関わっていくことが大切です。このことをしっかり理解しておきましょう。日本では，1876（明治9）年の東京女子師範学校（現 お茶の水女子大学）附属幼稚園設立が始まりです。保育時間は1日4時間で，保育内容には恩物（フレーベルが考案した幼児向けの遊具）を取り入れた遊びがありました。

2. 保育所とは

　世界の保育所の始まりは，1816年のイギリス人，ロバート・オーエンによる幼児学校創設です。日本での始まりは，1900（明治33）年の野口幽香と森島峰による二葉幼稚園（現 二葉保育園）開設です。開設当時から貧民家庭を支援し，3歳未満の子どもの保育も行い，地域社会の向上に尽くしました。

3. 認定こども園とは

　現代社会の急激な変化に対応し，幼稚園と保育園のよいところを生かしながら，その両方の役割を果たすことができるような新しいシステムをつくろうという観点から，「就学前の子どもに関する教育・保育等の総合的な提供の推進に関する法律」が制定されました。これに基づき，就学前の教育・保育ニーズに対応する新たな選択肢である「認定こども園」が，2006（平成18）年10月からスタートしました。認定こども園は，地域の事情により，①幼保連携型，②幼稚園型，③保育園型，④地方裁量型の4つのタイプに分かれています。

　幼稚園・保育園・認定こども園についての区分や法的役割などについてはQ8-表1を参照して確認してください。

Q8-表1 幼稚園・認定こども園・保育所の比較表（芦屋市，2013を改変）

	幼稚園	保育所	幼保連携型認定こども園
所管	文部科学省	厚生労働省	内閣府・文部科学省・厚生労働省
根拠法令	学校教育法に基づく学校	児童福祉法に基づく児童福祉施設	就学前の子どもに関する教育,保育等の総合的な提供の推進に関する法律
対象	満3歳から小学校就学の始期に達するまでの幼児（学校教育法第26条）。1号認定（3歳以上,定期的な保育の必要がない）・預かり保育	保育を必要とする乳児・幼児。2号認定・3号認定	保育を必要とする子どもも必要としない子どもも受け入れて,教育・保育を一体的に行う。1号認定・2号認定（3歳以上,保護者の就労や疾病等により保育の必要がある）・3号認定（3歳未満,保護者の就労や疾病等により保育の必要がある）
1日の教育・保育時間	4時間（標準）。	8時間（原則）。夜間の保育を実施する保育園もある。	4時間利用にも8時間利用にも対応。
保育者の資格	幼稚園教諭免許	保育士資格	幼稚園教諭免許と保育士資格
1学級当たりの幼児数及び1保育者当たりの幼児数	1学級当たり幼児数・設置基準35人以下（原則）。	1学級当たり乳幼児数・学級編制基準なし。1保育者当たりの乳幼児数は児童福祉施設最低基準によると,乳児3人,1〜2歳6人,3歳20人,4歳以上30人。	0歳から2歳児に対しては保育園と同様の配置が望ましい。3歳から5歳児はおおむね子ども20人から35人に1人。
長所	施設での教育と家庭での子育てがバランスよく行える。	保護者の就労など,長時間の保育を必要とする場合に,その子どもの生活のリズムに添った保育が受けられる。0歳児から保育を受けることができる。また,夜間の保育を実施するところもある。土曜日も保育があり,原則として夏休み等の長期の休みはない。	保護者の就労の有無に関わらず,同じ施設に子どもを預けることができる。保育園型でも学校教育法に基づく教育を受けることができ,幼稚園型でも長時間保育が受けられるので,施設の選択肢が増える。子どもが通園していない家庭でも育児相談等の子育て支援が受けることができる。

Q9 幼児教育・保育の現場や養成校における新しい動きを教えてください。

A 　日本では，2019（令和元）年10月より幼児教育・保育の無償化を開始しました。3〜5歳児の子どもの幼稚園，保育所，認定こども園などの利用料が無償化されたことになります。この背景には，未来をつくる子どもを育てる家庭の負担を軽減したいという政府の対策があります。また，幼児教育を受けたことにより，将来の生活の豊かさへの効果が著しいとする有名な研究結果があります[*1]。国外の先進国に目を向けますと，イギリス，フランス，韓国では，幼児教育の重要性を踏まえ，無償化の取り組みを進め（文部科学省，2014），すでに5歳児の義務教育を開始しています（Q9-表1）。

　日本の幼児教育・保育の無償化という動きに先行し，幼児教育・保育の現場では，生涯にわたる生きる力の基礎を培うための事項が示されています（文部科学省，2017）。幼稚園教育において育みたい資質・能力とは，豊かな体験を通じて，感じたり，気付いたり，わかったり，できるようになったりする「知識及び技能の基礎」，気付いたことや，できるようになったことなどを使い，考えたり，試したり，工夫したり，表現したりする「思考力，判断力，表現力等の基礎」，心情，意欲，態度が育つ中で，よりよい生活を営もうとする「学びに向かう力，人間性等」です。これらの資質・能力を子どもが育むためには，保育者の使命があります。保育者の使命は，子どもが幸せと思える生活をめざし，環境を通して子どもに面白さ，楽しさ，大切さを伝えることでしょう。

Q9-表1　諸外国における幼児教育無償化の取り組み例

イギリス	・2004年までに**全ての3〜4歳児（※5歳から義務教育）に対する幼児教育の無償化を実現**（週12.5時間，年33週分が上限）。 ・2010年に無償化の対象時間を拡大（週15時間，年38週分が上限）。 ・2014年に低所得世帯（年収16,190ポンド（240万円）以下等の基準に該当する世帯）の2歳児（全体の40%）も無償化。
フランス	・3〜5歳児を対象とした幼稚園は99%が公立であり，**無償**（3歳以上のほぼ全員が幼稚園に在籍）。
韓　国	・3〜5歳児に対する幼児教育の無償化の方針を法定（2012年）。 ・公立については，2013年に無償化を達成。私立については，支援規模を段階的に拡大し，無償化を目指している。

　養成校における新しい動きとしては，今後，幼児教育において ICT （Information and Communication Technology：情報通信技術）を活用した授業が一層増えることでしょう。具体的には，保育者養成過程で ICT を活用して「日誌」「指導計画」「幼稚園幼児指導要録」などを記入できる力を養うことです。Q9-表2には，実習で役立つ記録のサンプルを記しておきます。

　ICT を活用する背景には，保育者の多忙感があります。幼稚園内の業務効率化により，保育者は子どもの保育に当てる時間が増えて，多忙感からくるストレスが改善されています。たとえば，ある園では，ICT 活用による子どもの状況管理，園バスの走行状況を保護者がスマートフォンで閲覧できるようにしたことなどで，保護者からの問い合わせは減少し，保育者の負担も軽減しています。また，子どもが将来 ICT を活用して働くことを見据えて，保育者も養成段階から積極的に ICT の知識や技術をもつことが必要になるでしょう。

　実習生に，チャールズ・ダーウィン（1809-1882）の名言「最も強い者が生き残るのではなく，最も賢い者が生き延びるのでもない。唯一生き残ることが出来るのは，変化できる者である」を贈ります。実習生にとっての変化できる者とは，柔軟な心で全体を俯瞰し，保育者から学ぶことができる者です。子どもを見守るのみならず，周りの環境に配慮して行動する保育者の姿を見てください。きっと，子ども理解ができ，保育者の使命を学ぶことができるでしょう。

Q9-表2　育みたい資質・能力を踏まえた日誌の書き方

【知識及び技能の基礎】
本日は○○の活動を通して豊かな体験を経験しました。
○○さんは，○○○と感じていました。
○○さんは，○○○に気付いていました。
○○さんは，○○○と分かりました。
○○さんは，○○○ができるようになりました。
【思考力，判断力，表現力等の基礎】
○○○さんは，○○○を使っていました。
○○○さんは，○○○と考えていました。
○○さんは，○○○を試していました。
○○さんは，○○○を工夫していました。
○○さんは，○○○を表現しました。

＊1　幼児教育に対するジェームズ・ヘックマン　シカゴ大学教授（ノーベル経済学賞受賞者）の主張：社会的成功には，IQ や学力といった認知能力だけでなく，根気強さ，注意深さ，意欲，自信といった非認知能力も不可欠。幼少期の教育により，認知能力だけでなく，非認知能力も向上させることができる。

幼稚園の役割は何でしょうか？

A　家庭は少子高齢化，核家族化の波を受け，家庭内の人間関係は単純なものとなり，世代間の縦のつながりも弱まっています。そのような家庭環境の変化に伴って，子どもの社会化と自立がそこなわれていることも指摘されています。そこで近年幼稚園の役割がいっそう重要になってきています。

　幼稚園は文部科学省の所轄で，満3歳から小学校入学までの幼児を対象とする教育施設です。幼稚園という言葉がキンダーガルテン（Kindergarten）というドイツ語を日本語に訳したものであるということからわかるように，幼稚園はドイツ人であるフレーベルによって1840年にドイツのチューリンゲンにつくられました。その後，幼稚園は急速に世界中に広まりました。日本で最初の幼稚園は，1876年に誕生した東京女子師範学校（現在のお茶の水女子大学）の付属幼稚園です。保育内容はフレーベルの考案した恩物を活用し，遊びを重視したものでした。この当時の幼稚園は一部の裕福な家庭の幼児が通う特別なところと考えられていました。1872年の学制の発布によって，日本の近代学校制度は発足しましたが，国民の小学校教育に対する理解も低調で就学率もまだ低かった時代であり，幼児を幼稚園に通わせることは，まだまだ一般的ではありませんでした。

　現在の幼稚園は「生きる力」の基礎を育成するという重要な役割を担っています。生きる力を育成するためには，幼児の主体的な活動としての遊びを十分に確保する環境が必要になります。『幼稚園教育要領』総則に「幼稚園教育は，学校教育法に規定する目的及び目標を達成するため，幼児期の特性を踏まえ，環境を通して行うものであることを基本とする」とあります。ここで幼児期の特性と環境について考えてみたいと思います。

　幼児期は心身が急速に発達し，活動意欲も高まり，身体的には運動能力が増す時期です。また精神的には自我が芽ばえ，まわりの環境に対する興味や関心も増す時期です。この時期に幼児は環境との相互作用によって，成長に必要なさまざまな経験を獲得していきます。幼児の心身の発達は，それぞれが独立し

て発達するのではなく，幼児が体を動かして遊びを展開するなかで，心身両面が相互に関連し合って発達するのです。それゆえに幼稚園においては，自然的・社会的・文化的環境を幼児たちに提供することも求められます。精神的および身体的発達を促すような遊具や教材に加えて，自然や動植物と直接関われる環境を用意したいものです。さらにこれらの物的環境に加えて，幼稚園には保育の専門家である幼稚園教諭という人的環境も備わっています。ここでいう環境を通しての教育というのは，環境のなかに教育的価値を含ませながら，幼児が自ら興味や関心をもって環境に関わり，幼児期にふさわしい生活が展開されることを意図した教育を意味します。幼児たちの環境に対する関わり方を見守り，幼児一人ひとりの特性に応じ，発達に即した指導を行う幼稚園教諭の存在がこの時期の幼児に必要なことは言うまでもありません。また幼稚園には同世代の様々な友達がいます。この時期に親，きょうだい以外の人に出会うことのできる幼稚園という環境はとても重要です。幼児にとって，幼稚園生活は家庭から離れ，近年齢の幼児たちと過ごす初めての集団生活です。幼児は，近い年齢の幼児たちとともに活動することによって家庭生活では学びにくい自己抑制や自己主張の方法を学び，社会性を身に付けることができるのです。近年の少子化傾向によって，幼児どうしの関わり合いの機会が減少していることを考えると，幼稚園において同年齢および近年齢の幼児同士が関わり合い，集団生活を体験できる幼稚園の教育的意義ははかりしれません。幼児はこのような幼稚園生活を通じて，心身ともに発達し，親や周囲の大人に一方的に保護，依存された状態から自立へと向かうのです。

　家庭の規模と機能の縮小が進んでいる一方で，幼稚園の役割は拡大傾向にあると言えます。以前にも増して，幼稚園は家庭や地域における幼児期の教育の支援に努め，地域における幼児期の教育のセンターとしての役割を果たすことが求められています。しかしながら幼稚園教育がすべての教育を補えるわけではありません。それゆえ家庭や地域さらには保育所や小学校と幼稚園が適切に連携を図り，連続性を保ちながら，個々の幼児の生きる力を育み，その発達に応じた適切な援助を行うことが求められているのです。

Q11 現代の幼稚園を取り巻く課題は何ですか？

A 　現代社会では，子どもの生活する環境に大きな変化が見られ，育ちへの影響が懸念されます。こうした状況を受け，幼稚園を取り巻く種々の課題が生じ，その対応を求められますが，背景や要因は複雑で，対応は簡単ではありません。なかでも，少子化は幼稚園の存立にも大きく関わります。

　少子化とは，生まれる子どもの数が減少し，現在の人口を維持できないばかりか，経済活動・社会保障・労働市場などに大きな影響を与える深刻な問題です。一般に少子化は，「合計特殊出産率」で表わされ，その数値が2.08を下回ると少子化（もしくは少子化が進んでいる）と言われます。少子化が進んできた理由として女性の高学歴化・晩婚化・未婚化などがあげられますが，家庭の子育て力の低下・親の育児負担感や不安感の増大・子育てコストの増加等，社会環境の変化による様々な要因によるため，具体的な問題点とその解決策については不明確というのが現状です。少子化の進行はきょうだい数の減少をもたらします。子どもが成長する過程で基本になる人間関係には，親子関係・きょうだい関係・友人関係があります。親子は年齢差のある縦の関係であり，友人関係は年齢差の少ない横の関係です。きょうだい関係は，その両方の要素をもち，子どもの成長における社会適応に大きな役割を果たすと言われます。他人ではありませんが，人間関係から見ると，社会の縮図になるので，家族の中で多様な人間関係を経験することにより，友人関係という横の関係に適応するためのいろいろな技術や知恵を身に付けることができるのです。少子化によるきょうだい数の減少は，子どもの生育環境そのものを大きく変えています。

　子育て環境の変化は，幼稚園に様々な影響を与えていますが，そのひとつに幼児虐待があげられます。2000（平成12）年に「児童虐待防止等に関する法律」が公布施行されました。2018（平成30）年度の児童相談所への児童虐待相談件数は，15万9,850件と過去最多件数を記録しています。虐待の種類でみると，体に外傷を生じるような暴行を加える「身体的虐待」や著しい減食・長期間の放置・保護者としての監護をおこたる「ネグレクト」が上位を占め，被虐待児の年齢は，

全体の半数が就学前の乳幼児となっています。物質的には豊かになりましたが，一方では，子育てがしにくい状況が進んでいることの現われと言えるでしょう。

　文部科学省は，「幼稚園の教育活動及び教育環境の充実」や「幼稚園における子育て支援の充実」等について積極的な改善を試み，教育活動および教育環境の充実の具体的施策のひとつとして，満3歳児入園の条件整備を整え実施しています。幼稚園が地域のセンターとしての子育て支援機能や，親と子の育ちの場としての役割をいっそう発揮できるよう，幼稚園運営の弾力化を支援しています。地域の実態や保護者の要請に応じ，希望する者を対象に，通常の教育時間の前後や長期休業期間等の預かり保育を推進し，インターネットの活用を含めて，子育て支援ネットワークの充実を図っています。幼稚園児と，小・中・高校生らによる異年齢・異世代交流等も積極的に進めようとしています。

　さらに子育て支援を充実するために，「認定こども園」制度が2006（平成18）年より始動しました。これは，制度として異なっていた幼稚園と保育所の，それぞれのよいところを生かしながら，社会の変化と，多様化している保護者と地域のニーズに応えるべく，制度の枠組みを超え連携を進めた取り組みの成果といえます。幼稚園，保育所などの施設と，家庭，地域がひとつとなり，子どもが健やかに育つ環境づくりとなることが願われます。

　一方，保護者が幼稚園に通わせるうえで，最も期待していることは，「戸外でのびのびとして遊ぶ」「友だちといっしょになかよくする」「元気に遊んで丈夫な体をつくる」など，子どもがのびのび元気に成長することであり，次いで「人の話をきちんと聞く」「きまりのたいせつさに気づく」「自分でできることは自分でする」など，これまでも幼稚園が大切にしてきた，遊びの保育と，集団生活・自立に関する保育内容への期待が上位を占めています。子どもは2，3歳になると友だちと遊びたいという気持ちが芽生えてきます。それまで家庭という親子の密接な結びつきのなかで満足していた子どもは，より多様な人間関係を求めるようになり，外の世界へと関心を向け始めます。友達と楽しく遊びたいという，子どもの自然な内面の要求を満たし，同時にふさわしい遊び場と遊び時間を保障する場が幼稚園なのです。社会や地域が大きく変わるなかで，子どもの実態も幼稚園教育に寄せられる期待も変化しています。こうした背景の変化を課題として受け止め，2017（平成29）年に幼稚園教育要領が改訂され，幼児教育のありようが大きく見直されました。

幼稚園と認定こども園の1日の流れを教えてください。

A 幼稚園では幼児期（3歳以上）の子どもが過ごし，認定こども園では乳児前期（0歳）から幼児期（3歳以上）まで幅広い成長段階の子どもが過ごしています。それぞれの子どもの成長の課題に応じて1日の保育の流れは考えられています。その流れは大別して，登園，遊び・課題（今日の遊び），食事，降園となっています。さらに認定こども園では，午睡・休息，おやつなどがあります。

　幼稚園の保育では，標準の時間が概ね4時間とされていますが，実情に応じて柔軟に1日の流れはつくられます。最近では，預かり保育を利用する家庭も増えています。

　認定こども園の場合，長い時間の子どもと短い時間の子どもがいっしょに過ごしていることに配慮して保育の流れがつくられています。

Q12-表1　1日の保育の流れ

3・4・5歳児		
幼稚園・認定こども園の1号認定	時間	認定こども園の2号認定
	7:30	順次登園　準備 自由遊び（室内・園庭）
登園　朝の準備 自由遊び（室内・園庭）	9:00	
片付・手洗・うがい・排泄	9:45	片付・手洗・うがい・排泄
集まり・今日の遊び・活動	10:00	集まり・今日の遊び・活動
片付・手洗・排泄・着替え	11:00	片付・手洗・排泄・着替え
昼食の準備	11:15	給食の準備
昼食	11:30	給食
片付・手洗・排泄	12:00	片付・手洗・排泄
午後のあそび・活動	12:30	休息（午睡）・午後のあそび・活動
帰りの会・降園準備・降園	13:30	
（預かり保育利用児は，引き続き認定こども園2号認定と同じプログラム）	14:30	片付・手洗・排泄
	14:45	
	15:00	おやつ
	15:30	片付・集まり・降園準備
	16:00	遊び・順次降園

※平成27年度の新制度移行に伴い，保育の手続き上，保育を必要とする3歳以上児を2号認定子ども，3歳以上児で幼児教育の対象としてのみ認定された子どもを1号認定子どもと呼ぶようになった。
※認定こども園の昼食は給食が提供される。

Q13 幼稚園の教育課程，指導計画について教えてください。

A　これまで幼児教育・保育の学びを進めてきたあなたは，幼児教育・保育の現場では，あなたの先輩であり将来の同僚である保育者が，ただ子どもを遊ばせたり子どもの遊び相手をしていたりするわけではないこと，端的にいってしまえば子守をしているわけではないことという，とても大切なことをすでに知っていると思います。では，幼児教育・保育の現場では，ただ遊ばせているわけではなく，そこに何が"ある"のでしょうか。それこそが，子どもたちの成長と発達に必要な文化や環境を——子どもだけでなく周囲の大人にも見えにくい形で——意図的に組織している，という事実です。教育課程とは，この子どもたちの成長と発達に必要な文化や環境を意図的に組織したものです。幼稚園の教育課程とは，幼児期の子どもを対象に，幼稚園にて行われる教育についての全体的な計画と，時にそれに伴う実践，評価，改善の営みを指します。

1．幼稚園の教育課程，指導計画の特徴

教育課程は小学校から高校，もちろん大学にもあります。ただし，幼稚園の教育課程と異なる点は，幼稚園教育では子どもの自発的な遊びや主体的な生活がその基盤であり，保育者が直接何かを教えるという性格のものではない，ということです。『幼稚園教育要領』に「ねらい」や「育ってほしい姿」が示され，保育者にはそれらを念頭に置いて教育的な働きかけを行う環境を構成することが求められます。また実践においても，幼稚園の教育目標を踏まえながら，五領域ごとにねらいをたてるものの，子ども一人ひとりの発達に合わせ，さらには日々の子どもの気持ちの動きやその時の状況にも対応しながら環境を構成していく個別の配慮と，それを可能にする柔軟性も求められます。これら性質が計画の段階から含まれていることが，幼稚園教育の指導計画の特徴といえます。では，教育課程と指導計画がつくられる過程について順に見ていきましょう。

2．教育目標

まずは教育目標の確認から始まります。幼稚園の目的は，学校教育法において定められています。幼稚園における教育方法やねらい，内容については幼稚

園教育要領において示されています。これらの基礎的要素に加えて，日本では幼稚園の独自性が尊重されています。公立・私立ともに，幼稚園の理念があり，私立園には建学の精神とそれに基づいた教育方針があります。これらを組み合わせたうえに，それぞれの園の教育目標が成り立っています。

3．教育課程

　前述の各幼稚園がもつ教育目標を実現するために，入園から修了までの園生活の全体を計画することとなります。これを教育課程とよびます。これが，さらに具体的な指導計画をつくるための基本となります。教育課程は，園長の責任においてそれぞれの園で編成されます。実践と評価を繰り返しながら，よりよいものとなるよう，改善が適宜なされます。

4．指導計画のたて方

　全体計画である教育課程ができると，それをもとに指導計画がつくられます。入園から修了までを捉えた教育課程から始まり，年，期，月，週，日と具体性を増やしながら，相互に連関するそれぞれの指導計画がつくられていきます。

(1) 年間指導計画

　教育課程にしたがって，年齢や時期に合わせ，ねらいや保育内容，活動を1年間の期間に区切って五領域の観点から具体的に組織したものが年間指導計画です。乳幼児期の子どもは，その後に比較して発達の個人差がたいへん大きく，全員で同じように同じことを，というわけにはいきません。長い目で見て，季節や時期に応じた活動や園行事を含みながら，行事と日常との関連を視野に年間指導計画がつくられます。これが次の期間指導計画につながります。

(2) 期間指導計画（期案）

　いわゆる学期ではなく，子どもの発達の節目である「期」による区分となります。たとえば入園・進級の時期や，夏休みが終わり園生活や友達に慣れてきた時期，卒園・修了が近づいた時期では，それぞれの保育者の関わり方も環境の準備や留意点も異なります。1年をこのように学期に相当する期間で区分する方法もあれば，入園年度の1年と，2年目から卒園年度までの2年，という観点で区分する方法もあります。このように園によって工夫しながら「期」が設定され，そしてその期間の指導計画である期間指導計画がつくられます。

(3) 月間指導計画（月案）

　「期」によって区分する一方で，日常的に使用していて概念的に時節がわか

りやすいカレンダーに合わせて指導計画をたてることは，保育者にとっても目安となりやすく，保護者にもわかりやすいものであるといえます。そこで，期案からさらに月案をつくる園も多いのではないでしょうか。月の行事予定の形で保護者にねらいや保育内容を伝えていくケースも多く見られます。

(4) 短期の指導計画（週案・日案）

　教育課程からの年間指導計画，期案，月案と進むにつれて，次第にイメージする子どもたちの姿が具体的になり，活動の計画についても具体的なものをたてることができるようになってきたと思います。長期の指導計画については，それまでの園での保育研究の積み重ねによって園全体のレベルでつくられているものを毎年見直しながら使用することが多い一方で，短期の指導計画については学年やクラス担任の保育者が今，目の前にいる子どもたちを踏まえ，非常に具体的な計画をたてます。この短期の指導計画を適切にたてることによって，環境構成のための準備や教材・教具の手配など，実際に保育を行うための準備をスムーズに進めることができます。これらの指導計画は，園によって様式は様々だといえますが，日案と合わせて週日案として作られるケースが多いと考えられます。

Q13-表1　年間指導計画の例（一部）（3歳児，4歳児入園直後）

年間目標	○園での生活に慣れ，園の中で様々な遊びに喜んで取り組む。 ○園での友達とのつながりを広げ，遊びを楽しむ。 ○全身のバランスを取りながら，自由に体を動かして遊ぶ。 ○想像したことや感じたことを自由に表現する。	
子どもの姿と育てたい側面	○園での新しい生活を楽しみにしつつも，同時に不安や緊張がある。生活の中で安心感や信頼感を得ていく。 ○園での1日の生活の流れがおおよそわかり，衣服の着脱や食事，排泄などの必要性を知る。自分でしたいという意欲を育てる。	○園での生活の流れがわかり，身の回りの準備や片付けなどを自分でしようとする。 ○保育者との信頼関係を築きながら，園だからこそできる様々な遊びの楽しさを味わい，遊びの幅を広げたい。
発達の節	I期（4〜5月）	II期（6〜8月）
ねらい	（健康）自分の体を十分に動かす。 （人間関係）友達と同じことをして遊ぶほか，していることを伝える。 （環境）戸外で身近な自然にふれ遊ぶことの心地よさを知る。 （言葉）絵本や紙芝居に興味をもち始める。 （表現）思い思いに絵を描くことを楽しむ。	（健康）全身で水を使う遊びを楽しむ。 （人間関係）簡単なルールのある遊びを楽しむ。 （環境）身近な動植物の世話を楽しむ。 （言葉）したいことやしてほしいことを言葉で伝える。 （表現）つくることと壊すことを繰り返すことができる，粘土遊びやブロック遊びを楽しむ。
環境構成	○楽しく登園できるよう，一人ひとりが落ち着ける場所を確保する。	○天候や気温に応じて，体調に配慮し，めりはりのある環境構成を行う。

日々の指導案はどのようにつくられるのですか？

A　日々の指導案は，子どもたちと最も密接に関わる各クラス担任の保育者が，クラスの子どもたちの実態を踏まえて，「日案」や「週案」として作成します。週案と日案を併せた「週日案」として作成している園も多いです。これらの指導計画は，「短期の指導計画」とよばれます。

　まず，子どもたちの実態として興味や関心の所在や方向性，発育・発達の姿や課題，またクラス集団の状況などがあげられます。そうした実態を捉えるためには，まずは子どもたちのありのままの姿をよく観察し，思い込みではなく事実を正確に捉えることが不可欠です。さらに，表面には現れない心の模様や動きといった，個々の子どもの内面にある思いを理解しようとする努力も必要です。また，子どものネガティブな姿ばかりが目についてしまうこともありますが，そのようなときには，なぜそのような姿を見せているのだろうか，その言動の背景には何があるのだろうかと考えを巡らせる必要があるでしょう。

　このように子どもたちの実態を踏まえると，「こうなってほしい」といった子どもたちの姿に対する保育者としての願いや方向性が生まれてきます。これを言葉にしたものが「ねらい」となります。そして，この「ねらい」に近づいたり達成したりするための方法や内容，実践の形態を，子どもたちの姿や反応をイメージしながら工夫して考えていきます。また，必要となる場所や用具，材料やその数量，さらには天候の影響なども考慮しながら環境を具体的に考えていきます。つまり，保育の具体的な設計図をつくっていくのです。

　ただし，こうした短期の指導計画はクラス担任の保育者の判断だけで作成するわけではありません。幼稚園には全体としての計画やカリキュラムを反映した「年間指導計画」や「期案」「月案」といった「長期の指導計画」があり，その流れに沿って作成することが前提となります。長期の指導計画には，安全教育や行事，家庭や地域などの園外との連携にまつわることがらが含まれています。また，当然ながら幼稚園教育要領に示される資質や能力，幼稚園修了時に期待される姿についても踏まえておく必要があります。さらに，日ごろから

職員間において意見交換をしたり連携したり，また主任や園長に相談したりと，園の全体を見わたして作成する必要もあります。

　そして，指導計画に基づいた保育の実践のあとには，振り返りをすることが保育の質や保育者としての資質の向上につながります。短期の指導計画を作成することは，いわゆる PDCA サイクルの P（Plan）にあたります。保育実践（Do）のあとには必ず反省や評価（Check）を行い，翌日や次週の指導計画に反映させて実践に生かしていくこと（Action）の積み重ねが大切です。

　なお，以下には週案と日案の一例が載せてあります。ただし，園で使用する指導計画の書類には，それぞれの園に独自の様々な様式があります。

Q14-表1　週案の項目と内容の例

○歳児○○組	○月　第○週（○月○日〜○月○日）
月のねらい	
前週までの幼児の姿	●遊びや人との関わり ○自由遊び時間に大グループで鬼ごっこを楽しんでいる。 ・遊びに加われない児や，最中でトラブルになって抜けてしまう児もいる。 ○捕まえた昆虫を飼育し，毎日ようすを気にかけている。 ●生活習慣 ○食事前や活動後の手洗いの習慣ができてきたが，その際にふざける児が出てきた。
ねらい	○晴天時には園庭で活発に遊ぶ。 ○友達や保育者と一緒に遊びを楽しみながら，遊び中のトラブルを話し合って解決する。 ○昆虫とその世話に関心をもつ。

	○月○日（○）	○月○日（○）	○月○日（○）	○月○日（○）	○月○日（○）
予定	・職員会議			・食育（おにぎりづくり）	・誕生会
	○月○日（○）	○月○日（○）	○月○日（○）	○月○日（○）	○月○日（○）
次週	・職員会議		・避難訓練		・園外（○○公園）

Q14-表2　日案の項目と内容の例

○歳児○○組	○月○日（○）	天候　○○	欠席　○名
前日までの幼児の姿	○雨天が続いているため園庭で活発に遊べず，日中落ち着きのない子どもが目立つ。 ○集団で遊ぶ児が増えてきたが，そこに自分から加われないでいる子ども（A男・B男・C子）や，イメージの違いからトラブルになる子ども（D子・E子・F男）がいる。 ○飼育している昆虫の世話への関心が高まっている。		
本日のねらい・内容	●ホールで「田んぼ鬼」を行う。 ○グループ全員で協力して遊びに取り組み，自分の考えを伝えたり相手の考えを聞いたりする。 ○保育者の指導のもと，遊び中のトラブルを話し合って解決する。 ●昆虫の飼育に必要なことがらを知る。		
環境の構成	●田んぼ鬼（ホール） ●自由遊び（室内）	○ビニールテープで田んぼ鬼のフィールドを描く。 ○待機・応援場所をカラーコーンで囲む。 ○虫かごとともに関連する絵本や図鑑を置いておく。	
家庭との連携	○本日の子どもの活動のようす ○明日の持ち物の確認（水筒・米100g）		

田んぼ鬼（ホール）図：遊具等←まとめておく／待機・応援／舞台／水筒・タオル

自由遊び（室内）図：絵本棚／教材／カーペット／ロッカー／ままごと／ブロック／ピアノ／虫かご／製作／タオル／教材棚

時刻	生活の流れ	保育者の留意点
9：00	○登園する。 ・持ち物の始末をする。 ・連絡帳にシールを貼る。 ○好きな遊びをする。 ・ままごと，ブロック……	○一人ひとりと元気よく挨拶をしながら丁寧に視診を行い，遊びまでのようすを見守る。 ○遊びに加われない子どもと会話しながら，昆虫のようすを伝え，何を食べたら元気が出るか考えるように誘う。　　　……

いろいろな保育形態について教えてください。

1．園における一般的な形態

　　　幼稚園に入園する多くの子どもたちにとって，園は初めて経験する集団生活の場です。クラスに保育者がひとりいて，同年代の多くの「仲間」がいて，その集団の中で人間関係を築きながら生活する「集団保育」という保育形態におかれます。幼稚園教育は同年代の仲間との生活を通して共同性や道徳性の発達，また社会との関わりを通した総合的な人格の形成を重視しています。しかし，それと同時に保育者は子ども一人ひとりに対しても細やかに目を配っています。なお，集団保育とは反対に，家庭での育児やシッターの利用であれば，それは「個別保育」と言えるでしょう。

　また，集団保育において，保育者が同一の活動において子どもたち全体に向けて働きかけをする形態は「一斉保育」とよばれます。さらにいえば，その内容が，保育者が設定して子どもたちに提案したものであれば「設定保育」とされる形態です。これとは反対に，子ども一人ひとりがそれぞれの興味や関心に基づいて自由に活動を選択して思い思いに取り組む形態は「自由保育」とよばれます。

2．保育形態の考え方

　このように幼稚園の営みには多様な形態がありますが，園では1日の生活の流れの中で，これらが組み合わされて教育が営まれています。たとえば，登園時の受け入れや視診の際には保育者は子ども一人ひとりに時間をかけて注目しています。その後しばらくは，それぞれが自由に遊ぶ時間（自由遊び時間），朝の集まりは一斉の挨拶から始まり，引き続きの主活動は初めての内容であれば一斉かつ設定保育……。その一斉の設定保育でも，そこから遊びが発展したり別のやり方が派生したり……。また，設定保育でも個々の興味や関心が自由に赴くままになることを企図することも少なくありません。

　一概にどのような形態が優れているというものではありませんし，変えてはならないというものでもありません。子どもたちやクラスの状況，また保育者

の「ねらい」や活動の内容に応じて柔軟に，ふさわしい形態をとることが大切です。そして何よりも，その取り組みが子どもたちの発育・発達にとって最大のメリットとなることこそが，保育形態を考慮するうえで最も大切なことです。

３．特色のある保育形態

　他にも特別なねらいや配慮のために，園によっては特別な保育形態をとることがあります。

(1) クラスの枠を越えて：解体保育

　年齢やクラスの枠を外して行う形態の保育を「解体保育」とよびます。1日の生活の中で一時的にこうした形態をとることもありますし，日ごろからこのような形態をとっている園もあります。

　特に，異年齢の子どもたちでまとまりを編成することを「縦割り保育」とよびます。そこでは，年上の子どもが年下の子どもに教えたり，年下の子どもは年上の子どもの姿に憧れをもったりと，同年齢だけの編成では生じない関係性が生まれます。家庭や地域での異年齢の子ども間の触れ合いが減少する昨今，人間関係の育ちを期待して導入する園が増えています。

(2) 保育者同士の協力体制：チーム保育

　ひとつのクラスに複数の保育者が担任として入ります。小学校以上での副担任やチーム・ティーチングのように，どちらかがメインの保育者ということではなく，互いに責任ある対等な保育者同士として協力体制をつくって連携し，ひとつのクラスを担当します。保育者が複数いれば目の行き届く空間が広がり，子ども一人ひとりへの関わりも増え，子ども理解がいっそう深まることでしょう。

(3) 子どもの目的的活動：プロジェクト活動

　子どもたちが話し合って好奇心や疑問を主題として設定し，計画をたて，数日間以上にわたって問題解決を図ったり表現したりし，最終的には取り組みを振り返ったり展示したりして成果を検討するという実践形態です。有名な例として，イタリアのレッジョ・エミリア市における，芸術を通して共同的に主題を探索して表現したり対話したりして相互評価につなげる実践があります。このような形態の活動では，保育者は子どもたちに話し合いを促し，それに耳を傾け，新しいアイデアの創造を促したり互いの考えをリンクさせたり，子どもたちの必要に応じて環境を準備したりします。

Q16 幼児期の子どもはどのような存在ですか？

A 　人類は直立歩行をするようになり，胎盤が小さくなり，産道も狭くなりました。そのため，出産時の胎児の頭囲は小さくなり，その結果，誕生後の脳・神経系が他の器官に比べて，著しく発達するようになりました。

　乳児期後半ごろになると，乳児は母親以外の人間と関係をもち，人間関係が広がっていきます。乳児自らが，そのときの自分の欲求に基づいて，周囲にいる人間の中から自分が必要とする人間を選んで関わるようになってきます。「特定の大人」が広がりをもつようになってきます。続いて，1歳半から2歳ごろにかけて，社会情動スキルの発達が著しくなります。この時期に多様な人と適切な関わりをもつことで，社会情動スキルが発達します。この社会情動スキルの発達と大いに関係があるのが，乳児期から幼児期初期の子ども集団の中での子ども同士の関係です。子どもは世代的に自分に近い人の影響をより受けます。したがって子どもは，子ども集団の中で多様な関わりを通して社会情動スキルを獲得します。乳児期後半から幼児期前半にかけて，子ども集団のもつ教育力はとても重要な意味をもっています。

　このような社会情動スキルを身に付けることにより，幼児期後半（3～5歳）になると，他児の影響を受けながら，生活習慣の確立が進んでいきます。また，自ら環境に積極的に関わって，「心情・意欲・態度」を高め，小学校以降の学びの土台とする，「学びに向かう力」や他者と良好な関係づくりのできる非認知型能力を備えた人間となっていきます。

　人間は，他者の気持ちをあたかも自分の気持ちのように感じることなどの能力が備えられています。他児との関わりの中で，社会生活で必要な知識・能力を獲得しますので，大人が介入するよりは，子ども集団の中で学んでいくことができる存在です。

　このように幼児期は，乳児期から幼児期前半ごろに環境と関わり，子ども集団の中で獲得した非認知型能力を基盤として，人間形成の土台作りをしています。

子どもの活動面・生活面での発達に応じてできること，できないことを大まかに教えてください。

A 　保育をするにあたり，子どもの発達について理解しておかなければなりません。ただし，発達と年月齢とは一致するもでもなく，日本の場合は4月1日時点の年齢により，クラス編成をされていることがあるので，同じクラスにいるからといって，発達が同じとは限りません。発達について知るためには，一人ずつ関わりながら理解していくことです。発達の基本的なことは，養成校の授業で習います。養成校で習ったことと実際の子どもを見て理解するような往還的な学びが必要です。

　発達の理解について大切なことは，「発達段階」を見るのではなく，「発達の流れ」を見ることです。昨日できていなかったからといって，今日もできないということではなく，いつかはできるようになるということを理解しておくことが大切です。日々変化する子どもを常に追いかけて，その子その子を理解するように努めていかなければなりません。

　ここで紹介するのは，あくまでも発達についての目安です。保育のときは，個性を考慮して，個人差を十分配慮して，発達は大まかな目安として理解しておくことが大切です。発達とは「～ができなければならない」ではなく，「～ができるようになる」と考えておいてください。

　ここでは，子どもの発達について運動面，活動面，生活面を誕生から小学校就学までを追って説明します。

　運動面においては，生まれたての人間である新生児は，一日の大半を寝て過ごしています。これは，新生児は脳・神経機能の発達が著しいからです。成長するにつれて，寝返りをうち，一人で座れるようになり，ハイハイができるようになり，つかまり立ち，つたい歩き，そして，1歳ぐらいで歩けるようになります。2歳ぐらいで歩行が安定して，走ったり，跳んだり，投げたりすることができるようになります。3歳ぐらいで協応性が発達し，身体各部を調節して全身運動ができるようになります。4歳以降になると，骨格や筋肉が発達するので，様々な運動が力強くできるようになります。また，コミュニケーシ

ョンについては，それまでは自分の欲求を泣き声で伝えていたのが，6か月ご
ろから喃語が出始め，10か月ごろから指差しをし，1歳ごろで言葉で伝えよう
としてきます。1歳半ばになれば，2語文を話せるようになり，それから語彙
が急激に増加していきます。3歳ごろになると文法的に整った単文を話せるよ
うになってきます。その後，複文も話せるようになってきて，大人と十分コミ
ュニケーションがとれるようになります。

　発達とともに遊びが展開し，また，人間関係も広がりをもち，他の子どもと
の遊びが展開していきます。最初はひとり遊びであったのが，他児を意識し始
め，他児が遊んでいるおもちゃなどに興味を示すようになってきます。その後
他児といっしょに遊ぶようになります。3歳前後は他児と関わりを持ち始める
時期です。ただし，3歳で幼稚園へ入園してきた子どもでも入園までの生活経
験の違いによってようすは異なります。入園までに集団生活を経験していたり，
きょうだいや他の家庭の子どもと遊ぶ機会があったりした子どもは，幼稚園の
集団生活の中ですぐに他の子どもと遊ぶようになりますが，他児と関わる機会
が少なかった子どもは，友達と遊べるようになるのに時間がかかります。

　神経系の発達と骨格，筋肉系の発達が子どもの活動に大きく影響します。神
経系の発達は乳幼児の特色です。人間が様々な動作を行う際には，感覚神経と
運動神経の連動が必要です。また，身体の各部の協調が必要となってきます。
たとえば寝返りをうつのも，首の動作だけではなく，手や腰，足の動作の連動
でできるわけですから，身体すべてをコントロールできる神経系の発達が活動
面においてはとても重要です。乳幼児期は，この神経系の発達が著しく，また，
個人差があります。乳幼児期の骨格や筋肉系の発達は，神経系の発達ほど著し
いものではありませんが，体力や筋力は高まっています。活動面においては，
この2つの発達が大きく影響します。3歳ごろでは，複数の動作を同時に行う
ことはできません。たとえば，リレーを取り上げると，3歳ごろでは走りなが
らバトンを渡すことができません。止まってからバトンを渡します。4歳ごろ
になると走りながらバトンを渡すことができますが，受け取るほうは受け取っ
てから走り出します。走りながら，バトンの受け渡しができるようになるのは，
5歳ごろです。3，4，5歳では，体力の持続時間や力に違いはありますが，
それよりも神経系の発達の違いによって活動面に違いが出てきます。

　生活面においては新生児のころは1日の大半を寝て過ごし，寝ているか，哺

乳しているかの生活であったのが，少しずつ起きている時間が長くなってきます。自分の周りにあるものを見回したり，人の顔にほほ笑みかけたり，機嫌よく起きている時間が少しずつ長くなってきます。3，4歳では，午睡も1日に1回1時間半から2時間程度になり，5歳では，午睡をしなくなる子どももいます。3歳ごろには，睡眠のリズムもでき始め，夜に寝て，朝起きるという習慣ができ始めます。

　食事も生後5か月ごろから少しずつ離乳食を始め，やわらかい固形物を舌や歯茎でつぶすようになってきます。7か月ごろになると，歯が生え始めて固形物も噛めるようになってくるので，幼児食へと移行します。1歳ごろになると自分から食具を使って食べるようになります。3歳ごろになると一人で食具を使って，あまりこぼさないで食べられるようになります。4歳ごろになると箸を使い始め，5歳ごろになると箸を使ってじょうずに食事を摂ることができるようになります。また，食事のときの挨拶や片付けができるようになり，自分が食べられる量なども理解できるようになってきます。

　新生児のときは，排泄のコントロールができず，おむつをつけて生活していましたが，1歳半ばから2歳くらいの間に自分でコントロールできるようになってきます。排泄に関してのマナーもその時期から理解し始め，尿意や便意をもよおすと自分からトイレに行くようになります。

　衣服の着脱は，2歳ごろからできるようになり，2歳半ばごろから自分でボタンを留めたりできるようなります。3歳ごろでは，一人でできるようになり，5歳ごろでは，気温の変化等必要に応じて，衣服の着脱で調節ができるようになります。

　清潔に関しては，2歳ごろから手を洗ったり，歯を磨いたりという作業が大人の援助のもとでできるようになってきます。3歳ごろより後にこれらが習慣化されれば，自分から手を洗ったり，歯を磨いたりが意識してできるようになります。

　このように生活面については，3歳ごろまでに基礎的なことができ，これらが習慣化されてきます。ただし，幼稚園生活を始めるまでに，保育所などで集団生活を経験してきた子どもと，生活面での社会性を身に付けていない子どもは，入園時点で差がありますので，3歳入園時点ですべての子どもが上記のようになっているとはかぎらないことを留意しておいてください。

Q18　いまの子どもの傾向と特徴について教えてください。

A　現在の日本社会の特徴といえば，高度情報化，結果第一主義，ポピュリズム，自己中心主義ということです。これらのことから，個々人がストレスをため，そのストレスが子どもをはじめとして，高齢者などの弱者に向けられています。その結果，子どもの安全が脅かされています。これがいまの子どもを取り巻く環境です。

　いまの子どもたちは，室内遊びの増加や習い事の増加，デジタル機器を使う時間が増えています。その結果，友達と遊ぶ経験が少なくなり，子ども同士の関係が弱くなってきています。また，外遊びをしなくなっているので，体力が低下してきています。しかしこのような子どもの社会は突然訪れたのではありません。何年もかけて進行してきました。実習生が子どものときと比べて，それほど環境が変化しているとは思えません。たとえば，少子化を取り上げてみると，合計特殊出生率が2008（平成20）年で1.37，2018（平成30）年で1.42と，依然として低い状態は変わりありません。都市化や核家族についても，大きな変化とは考えられません。しかし，科学技術の発達が目覚ましい現代社会においては，10年という期間の社会の変化はたいへん大きいものです。たとえばIoT，技術やAIの発達は，社会生活を大きく変えました。このように10年という期間は，現代においては社会生活を大きく変えるには十分な時間となります。この10年間を考えてみると，国際化の定着，情報化の進展などがあげられえます。このような社会の変化の中で，個人主義の定着，ライフスタイルの多様化，家族形態の多様化など社会全体が「多様化」へと進むようになりました。それまでは「同質的」な社会と思われてきましたが，「多様性」を認めることにより，保育にも多様化が求められるようになりました。

　このような変化の中で，まず子どもに見られる現象としては，生活時間が一人ひとり異なっていることがあげられます。たとえば，保護者の遠距離通勤，時差出勤などの関係で，朝早くから起きている子どもと，夜遅くまで起きて朝起きられない子どもとでは，活動が始まる時間帯がまったく異なっているので

す。食事においても，生活習慣や宗教などによって受け入れられないものがあることを認めるようになってきています。たとえば，食事の指導においては，これまでの「すべて残さないで食べる」という考え方から「栄養のバランスを考えて，栄養の視点から，偏りなく食べる」「楽しく食べる」という考え方に変わってきています。宗教的に食べられないことへの配慮はもちろんのこと，食べられない子どもへ無理強いしないことなども行われています。このように国際化，情報化，個人主義化した社会の子どもに対しては，その多様性を受け入れた保育を行っていかなければなりません。

　いまの子どもの２つめの特徴としては，１家庭あたりの子どもの数が少ないことから，保護者や祖父母による過保護化，過干渉化によって，自主性が失われ，自立の未発達の子どもが見られるということです。生まれたときから両親，４人の祖父母に囲まれて，いろいろと手をかけてもらった結果，自分から何もできなくなっている子どもの事例もあります。そういった子どもはトイレに行きたくなってもどうしてよいのかわからず，トイレの前で立ち止まってしまいます。このような子どもは，人や物に対する関わり方がわからず，一人でじっとしていることが多く，このような現象が起こりやすくなってきています。

　３つめに，幼児向け産業の発展は，少子化現象と無関係ではありません。少子化の結果，一人あたりの子どもにかける費用が大きくなったことから，高級化して発展してきました。その中でも幼児教育産業の発展は目覚ましく，英会話，水泳，ピアノなどの習い事に通っている子どもの数は増加しています。ここで保護者の意識は「どのように習っているのか」よりも「何ができるようになったのか」という結果を重視していることが多く，その結果習い事を提供する教室等では，子どもに対しての「強制」が見られます。このような習い事の中で，子どもは指示されたとおりに動くことを学習し，「指示待ち」といわれるようになり，主体性を失っていくのです。

　いまの子どもの傾向や特徴は，むしろ社会環境から大人が影響を受け，それを子どもが受けていることによって生じていると考えます。一人ひとりの子どもが抱えている背景は異なります。保育にあたっては，その点をよく配慮して，一人ひとりが子ども期を充実できるように適切な保育を考えていかなければなりません。

Q 19 子どもの間で流行っていること（遊びや歌・テレビ番組）について調べたいです。

A 　子どもの間で流行っていることは，時代とともに変化していきますが，変化しないものもあります。保育の中で歌われている童謡などは，実習生が子どものころ歌っていたものと変わらないので，懐かしく思うかもしれません。しかし，実習生が子どものころに歌ったことがない歌も子どもたちは知っています。保育者が積極的に保育の雑誌に紹介された歌や，研修会などに参加して教わった歌を保育に取り入れたりしているからです。

　子どもたちへの影響が大きいのは，ネット配信される動画やテレビです。子ども向けばかりではなく，子どもがおもしろいと思って見ている動画などで使われている歌やアイドルの歌も流行っています。歌ばかりではなく，動画やテレビのキャラクターなども子どもの間では流行っています。子どもの間で何が流行っているのかを知っておくことは，子どもたちとコミュニケーションをとるときにとても重要になります。番組やキャラクターについて知らないと，子どもが言っている内容を理解できず，ごっこ遊びなどに入っていけなくなります。ですから，子どもと同じ動画を見ておくことが実習において重要となります。子どもがテレビを見る日時は，平日や土曜日の夕方，日曜日の朝が多いです。実習生が子どものころと変わらないようなキャラクターものです。

　また，最近では，ゲームのキャラクターも流行っています。そのためにゲームを買う必要はありませんが，注意して見ておく必要があります。

　以前の保育室では，壁面にキャラクターの絵が飾ってあったりもしましたが，最近は積極的に取り入れられなくなっています。子どもが自分たちでキャラクターのデザインが使われているものを持ってくることには規制はしていませんが，特定のキャラクターを保育の中に取り入れることは少なくなっています。テレビやテーマパーク等で登場するキャラクターには，それぞれの子どもの好みがあります。また，著作権や商標等の問題，特定の企業に偏るという商業上の問題などがあるからです。ただ，「子どもが好きだから」という理由で，キャラクターを保育に取り入れることは，避けたほうがよいでしょう。

幼稚園教育の目標は何ですか？

A　法的な視点から考えれば，それは学校教育法第23条において述べられている五項目，つまり『幼稚園教育要領』における五領域を，環境を通して育むことや，生きる力の基礎の育成であるといえるでしょう。また，近年では家庭との連携を図ることも掲げられています。

　しかしここで，あえてもう少しだけ広い視点，原理としての視点から幼稚園教育の目標について考えてみたいと思います。古今東西あらゆる幼児教育・保育の先輩たちによって，子どもの生活と発達にとっては遊びがすべてであり，かけがえのないものであると述べられてきました。子どもにとって遊びとは，時間つぶしやさぼって他事をすることではなくて，自発的な周囲の環境とのやり取りをさします。幼稚園では，保育者，同級生のお友達，異年齢のおにいさん・おねえさんに小さなお友達，教室，積み木，絵本，画用紙，折り紙，クレヨン，園庭，砂場，ボール，フラフープ，草花，どんぐり，ダンゴムシ，雨，水たまり，日差し，木枯らし，雪，ガラスに映った自分の姿……。子どもたちはこれらの環境に日々出会い，興味をもって自ら働きかけ，返ってきた反応を楽しみます。人・物・現象を相手に，あるときは目まぐるしく相手を変え，またあるときには同じ相手と同じやり取りを何度もくり返しながら，その過程で達成感や満足感を得，創造力や思考力を培います。その子だけの体験が一秒ごとに蓄積していく，このような環境とのやり取り，つまり遊びは子どもたちにとって何ごとにも代えがたいものです。そういうわけで，幼稚園教育の目標についてより広い視点で考えれば，子どもたちの遊びが生まれる環境の保障とその質の向上が，その根幹にあるといえるのではないでしょうか。

　以上の点を踏まえると，幼稚園教育にどのように携わっていくかが見えてきます。つまり，一人ひとりの気持ちに寄り添いながら，『幼稚園教育要領』を踏まえ，発達を考慮し，「やってみたい」気持ちを引き出す環境の準備，といえます。

Q 21 家庭と地域と幼稚園の関わりはどうなっているのでしょうか？

A　子どもに視点を置き，生活する場として捉える見方と，三者それぞれを連結し合う構造として捉える見方の2つの見方ができます。

　まず，子どもに視点を置いた場合から考えてみましょう。幼稚園に通う子どもの場合，家庭から幼稚園，時には次に習い事，そして再び家庭へと1日の中で複数の空間を移動しています。家庭では保護者をモデルに，考え方や生活態度，しぐさやふるまい，言葉づかいなど多くを身に付けていきます。幼稚園では友達や保育者，異年齢の子どもたちとの遊びを通して，地域では地域の小学生との遊びや近所の様々な大人との関わりを通して多くのことを学んでいきます。そうすると「その子らしさ」とよばれるものが，実は家庭と地域と幼稚園，この3つの生活空間の中で身に付けたものの集合体であるといえます。ゆえに，幼稚園教育に携わる者は，「幼稚園の中だけの姿」を前提にするのではなく，より広い視点で子どもを捉えることが必要となることがわかります。

　では，三者それぞれはどのような関係となっているのでしょうか。「幼稚園教育要領」には，前述のように子どもたちの生活の場が家庭—幼稚園—地域と変化することを踏まえ，三者が連続性を保ちつつ展開される必要があることや幼稚園の地域の幼児教育センターとしての役割が示されています。たとえば，保護者との相談の機会をもうける，幼稚園と家庭とで一体となって子どもと関わる，地域の高齢者と関わる，地域の自然を体験するなどがあげられます。ただ，都市化に伴う地域社会の変化や家庭の教育力の低下が課題として指摘されているなかでは，こういった連携を課題に対する対症療法的なものとして捉えるのではなく，たとえば保護者が自信をもって育児を楽しめるようになるための取り組みとして積極的に捉えていくことが大切だといえるでしょう。そして，そのためにも三者間で信頼関係を日々構築していくことに，幼稚園はたゆまぬ努力をしていく必要があるといえます。

家庭で育つことと幼稚園に通って育つことの ちがいは何ですか？

A 　　人間は誕生と同時に，親，きょうだいなどの血縁集団である家族とともに生活を始めることになります。無力な存在として生まれてきた子どもを保護し，養育する場が家庭なのです。家庭の役割のひとつに，親と子の基本的信頼関係を形成することがあげられます。無力な存在として生まれてくる子どもには，愛情に包まれた温かい家庭環境が必要不可欠です。また子どもの社会化も家庭の重要な役割といえます。社会化とは非社会的存在でしかない乳幼児に社会の文化を内面化させることによって，社会的な存在にしていく過程です。言いかえれば，しつけを通じて，子どもたちに基本的な生活習慣を獲得させることといえます。

　家庭で最初の人間関係および社会関係を学んだ子どもは，家庭生活を核としながら，成長とともに生活空間を広げていきます。そして子どもたちは，初めて他人同士で成り立つ集団である幼稚園という環境に出会います。家庭教育がおもに親によって行われるのに対し，幼稚園教育は保育の専門家である保育者によって行われます。さらに家庭での人間関係が保護，依存といった縦のつながりの関係であるのに対し，幼稚園での人間関係は，近接した年齢で構成された横のつながりの関係になります。現代社会は少子化社会です。少子化が進むということは，きょうだい間のふれ合いが少なくなっていることを意味し，親子関係以外の人間関係を学ぶことをむずかしくしています。また子どもの数の減少に伴って，子ども同士の交流機会も減少し，子ども同士での遊び方がわからない，相手の気持ちを理解・尊重できない子どももふえています。幼稚園は，保育の専門家である保育者が個性に応じた教育を行い，同年齢および異年齢の友達と出会い，集団としてともに生活できる環境なのです。子どもは，遊びを中心とした共同生活を通して，自己主張や自己抑制を学び，社会性を育んでいくのです。幼児期に集団生活を経験できる幼稚園は，このような理由からとても重要な環境といえます。

第1章の確認のポイント

□幼稚園実習は「理論の実践化・実践の理論化」を試みる体験学習であり，実習生は園や子どもを理解し，謙虚に学ぶという姿勢が大切です。

□所管について，
　・幼稚園：文部科学省
　・幼保連携型認定こども園：内閣府・文部科学省・厚生労働省
　・保育所：厚生労働省
　となっています。

□教育目標から教育課程がつくられ，教育課程から年間指導計画，期案，月案，週案，日案と指導計画が，見通しをもちながらつくられていきます。

□幼稚園での1日の保育の流れは大別して，登園，遊び・課題（今日の遊び），食事，午睡・休憩，おやつ，降園となっています。

□日々の指導案は，子どもたちの実態から導き出される「ねらい」や長期指導計画などを踏まえて作成されます。

□いろいろな保育形態がありますが，最も大切なことは，内容や取り組みが子どもたちの成長・発達にとって最大のメリットになるように考えることです。

□幼稚園教育の目標は，法的には五領域を環境を通して育むことです。

□家庭と地域と幼稚園は，信頼関係を基盤とした積極的な連携が大切です。

第2章
実習までに確認しておきたいこと

1. 実習園決定から事前訪問（オリエンテーション）まで（Q23〜28）
2. 事前訪問から幼稚園実習まで（Q29〜34）

1 実習実施までに準備すること

実習前のみなさんにとって，実習は楽しみですか？不安ですか？　不安を解消し，有意義な幼稚園実習を行うため，実習前に以下のポイントを押さえて準備を進めましょう。

①学内での事前指導がなぜ必要かを理解する。

②幼稚園の意義と保育者の責任について調べる。

③実習園の状況（園の教育目標・環境など）や子どもの様子を把握しておく。

④実習園に事前訪問する時，実習生として相応しい態度や謙虚な姿勢で臨む。

⑤初めてのクラスでの挨拶や自己紹介ができるように準備する。

⑥実習を通して何を学ぶのかを意識しながら，実習テーマを設定するとともに，それに基づいて実習を行う。

2 実習テーマとは？

事前指導においては，どのような問題意識を持っているかを明確にし，実習を通して何を学びたいのかという実習テーマを設定する必要があります。この実習テーマに掲げた目標を達成するため，どのような実習課題（方法や課題）があるのかを書き出して整理しておきましょう。なぜなら，充実した実習とは，実習テーマや課題を持って実習を行うことだからです。

具体的な実習の流れは，1.「見て学ぶのが主流の見学実習・観察実習」2.「実際に保育に関わる参加実習」3.「一部の時間帯を担当する部分実習」4.「まる1日の保育を担当する責任実習」です。この流れの全てにおいて，実習テーマや課題を持つことは，充実した実習につながっていきます。実習生は，実習テーマを持ち，保育者や子どもとともに生活し，保育による働きかけを行う中で，将来の保育者としての自覚を高め，保育の力量を形成していくことになるでしょう。

3 実習直前のチェック

実習直前には，

①心と身体の準備

②実習スケジュールの把握

③実習テーマや課題の確認（自己課題を含む）

④実習先の把握（保育目標・特色）

⑤保育教材の準備

にまつわる準備を再確認することが大切です。例えば実習では，「絵本を読んでください」と必ず保育者や子どもたちから頼まれます。どのような環境構成でどのように読めばよいかなどを考えながら，必ず練習しておきましょう。そのためにも，この後のＱ＆Ａを見て，実習までに確認しておきたいことを再確認しましょう。

❹ 好まれる実習生とは

最後にどんな実習生が好まれ，また嫌われるかをあげておきます。好まれる実習生は，「明るく意欲的な人」「何事にも真摯に取り組める人」「子どもと触れ合う中で，自ら育っていける柔軟性をもった人」です（鈴木，1989）。

一方の嫌われる実習生は，「無気力・無感動・無表情な人」「無責任な態度で実習する人」「一見元気よく見えて軽い人」「不平・不満ばかり言う人」「自分のあやまちや力不足に気付かない人」「ハキハキしない人」「提出物などの期限を守らない人」です（鈴木，1989）。

好まれる実習生のことを心に留めておくとともに，子ども理解を深めることで，実習は実り多いものになるでしょう。

さあ，実習の準備をしっかりして，充実した素晴らしい実習になるよう努力し，子どもたちとの触れ合いの中で多くの感動を体験する実習になるようにがんばってください。

Q 23 学内での事前指導は何のためにあるのですか？

A 事前指導とは幼稚園教育実習を実施する前に，実習の基本的理解と実践的理解を行う学内指導のことです。いままで講義や演習で学習してきた理論や技術を，実際に園で実践することにより，実践的，具体的，総合的に確認していくのが実習ですが，初めて「保育」というものを担当することにはやはり不安や緊張があるものです。それらを取り除き，実習に対しての期待や意欲を高め，しっかりとした心がまえを養うことにより，より充実した実習を行うことができるように指導するのが事前指導です。

過度な緊張をする必要はありませんが，プロの「保育者」への第一歩として，自覚をもち，日ごろの言動や態度にも細心の注意を払うことが肝要です。実習は園の特別な配慮で「させていただく」ものであるという感謝の気持ちをもったうえで，積極的に自発的に自己の課題に取り組む気持ちを育てていきたいものです。

事前指導の内容としては，幼稚園の実情，実習の意義，目的，実習の内容，形態・方法，幼稚園・保育者の役割，職務内容，幼児への接し方等について，さらには，幼稚園の1日，教育課程・指導計画，1日の指導案の作成のしかた，実習日誌の記録のしかた，実習生としての心得なども学んでいきます。

授業方法としては，VTR等を通して実際の保育の姿を確認することも大切なことです。また，在校生ですでに実習を経験しているもの，先輩保育者，さらには実習先の園長先生に実習の心得や準備などを話してもらうこともイメージをより確かなものにすることができるでしょう。

実習生は，①幼児への責任（その背後には保護者への責任も同時に伴います），②幼稚園への責任（実習生の態度が幼稚園の評価を落とすことがあります），③教育職への責任（この実習が幼稚園教諭免許状の付与につながることの重みを感じてください），④養成校への責任（常に養成校の名前を背負って実習していることを忘れないでください）という4つの責任を負っており，そのうえでの実習であることを，事前指導のなかで養っていきます。

学内での事前指導では何をするのですか？

　　　事前指導では，幼児と触れ合う経験をすることへの不安や緊張感を取り除き，万全の準備そして実習に入るための指導を行います。

1．幼稚園教育の理解

　幼稚園教育の特質，役割，意義についてはすでに学習してきていると思いますが，あらためて実習前に確認しておきたいものです。『幼稚園教育要領』や『幼稚園教育要領解説』はもとより，幼稚園での道徳性の芽生えを培う指導事例や心身に障がいをもつ幼児の指導に資する参考書，また，「学校教育法」，「学校教育法施行規則」，「幼稚園設置基準」などの関連する法令にも目をとおすことが望まれます。

2．教育実習の意義・目的

　実習の意義・目的についてはＱ25でふれていますので省略しますが，実習は生身の幼児を扱わせていただくわけです。その根底に，「させていただく」気持ちをもって臨み，その感謝の気持ちを実習日誌に必ず表しましょう。

3．実習園の理解

　実習園の理解については，3つのことがあげられます。1つめは，実習園の歴史，建学の精神，教育方針の理解をすることです。そのためには，『○○幼稚園○○年史』などがあれば貸し出しを希望し，ない場合にはせめて入園パンフレット等は手に入れるようにしたいものです。2つめは，園の運営組織を知るということです。園には必ず教職員の組織図を示した「園務分掌」といったものがあります。これで実習園の組織を知り，保育者としての多岐にわたる仕事を把握してください。3つめは，勤務の実態を知るということです。出勤時刻や退勤時刻，持ちものは，給食か弁当か，どんな服装か，などは最低限知っておかなければならないことです。また，ピアノの楽譜も早くから手に入れておくことが望ましいでしょう。

4．勤務に対する心がまえ

　あえて「勤務」という言葉を使いますが，実習生といえどもその園に勤務す

るという気持ちで臨んでください。服務規程の遵守，時間の励行，教育方針への理解と協力，挨拶・言葉かけの励行，保育以外に清掃，準備，後始末など広範囲の仕事があること，保育者としてふさわしい服装，守秘義務などが求められます。

5．幼児への接し方

臨機応変に接することが大切です。笑顔を絶やさないこと，一人ひとりの意見をよく聞くこと，口先だけで指導しないこと，威圧感を与えないよう目線を幼児と同じくらいの高さにすること，幼児の集中力を高めるために見守ることも大切なことを接し方の基本としておさえておいてください。

6．児童文化財の活用

実習では紙芝居，絵本はほとんどの人が経験するようです。そのほかに，人形劇，ペープサート，パネルシアター，エプロンシアター，折り紙などの児童文化財の活用のしかたも身に付けておきましょう。さらには，素話，手遊び・指遊びの経験もぜひしてきてほしいものです。

7．幼稚園の1日について

Q12を参照にしてください。園の1日はそれぞれの園で違いますが早くその園の流れをつかみ，対応してください。

8．カリキュラムについて

Q13を参照してください。

9．日案の作成のしかた

Q14を参照してください。

10．実習日誌の記入のしかた

Q46～51を参照してください。

11．実習体験者（先輩）からの報告

すでに実習を済ませた先輩から体験談，失敗談を話してもらうことは，実習をより身近に感じることができるでしょう。

12．実習先の園長の講話

実習を受け入れる立場から，望まれる実習生の姿，準備，心得，現在の幼稚園の課題などについて話してもらいましょう。

Q25 実習の目標やねらいを教えてください。

A 　幼稚園実習は，幼稚園において保育の実際を経験するなかで，幼稚園の活動と園児の生活の実際を具体的に理解し，幼稚園の意義および保育者の責任を体得することにあります。

さらには，現場保育者の指導のもとで，養成校で学習した知識・技能を総合的に応用し，幼児教育の本質的精神と保育技術を習得するとともに，保育者としての資質・使命観・能力を身に付けることを目的として実施されます。具体的には，以下のことがあげられます。

・幼児との適切な接し方を学ぶ。

・保育内容の確かな認識をしていく。

・保育方法の妥当な活用を学ぶ。

・環境構成の豊かな工夫を学ぶ。

・教育事務の適切な処理のしかたを体得する。

・理論と実際に関するたゆまぬ研究心をもつ。

・保育者としての正しい使命感を確立する。

・職業人としての着実な勤務態度を学ぶ。

これらのことを達成するために，以下のことに留意して実習することが大切です。

①実習の意義を確認し，関係諸科目の復習，技術の錬磨を怠らず，自己の欠点・短所の矯正に配慮すること。

②実習園の運営方針・教育目標・内容などの理解に努め，協力するとともに，指示された内容・範囲を正しく把握して，園の発展に寄与すること。

③教職員に対して敬意をもって接し，礼儀を失することのないように心がけ，明るくだれとでも協調をはかり，謙虚な姿勢で活動すること。

④教職員との接触を密にして，質問などを通して広く指導を受け，積極的に幼児とふれ，絶えず前向きな姿勢で探求・吸収を怠らず学習事項を整理・記録すること。

Q26 実習はテーマを決めて臨むとよいと聞きました。実習のテーマとは何ですか？　どのように決めればよいですか？

A　実習を行うにあたっては，各自テーマを設定して臨むことが大切です。実習でのテーマは大きく分けて3つに分けることができます。

1つは，幼稚園教育の理解に関してのテーマです。たとえば，幼稚園の役割・機能とは何か，保育者の役割，仕事内容の確認，教職員間の連携，地域・家庭との連携のしかた，環境の生かし方……などがあげられます。

2つめは，保育者としての指導技術に関してのテーマです。保育の準備，環境構成のしかた，保育内容の組み立て方，指導案のたて方，幼児への接し方，応答のしかた，保育者の言葉がけ，けんかの扱い方，ほめ方・注意のしかた，集団指導と個別指導，集団に入っていけない子どもへの対応，音楽・造形指導，体育遊びの指導，食事の指導，ピアノの使い方，児童文化財の活用……などが考えられます。

3つめは，幼児理解に関してのテーマです。幼児の興味・関心，集団としての幼児，年齢別発達段階……などが考えられます。

すべてのテーマに取り組むのは無理なので，いくつかを選んで臨みましょう。テーマ以前に大切なことは，実習では何よりもまず子どもとおもいきり遊び，子どもと関わり，子どもの可能性にふれることです。さらには，教職員の子どもの仕事への意欲，保育への真摯な態度，プロの保育者集団の厳しさ等にぜひふれてきてください。指導案をしっかり立案できることも大切ですが，実習期間には保育者への第一歩として，子どもと存分にふれ合い，保育する集団の輝きを見つけてきてほしいものです。

いましめなければならないのは，小手先のわざで子どもを動かすことができたり，少しばかり手遊びや指遊びが通じたからといって，実習が成功したと考えてしまうことです。高いテーマを掲げて結果的に失敗したとしても，謙虚に反省・評価をしてそこから這い上がってくる，そんな人が保育者としてふさわしく本当に伸びていく人であると思います。

Q 27 実習園の事前指導は，いつごろ受けるのがよいですか？

A 　事前指導の目的は，教育実習を自分だけでなく，園や保育者，園児，保護者にとっても有意義にかつスムーズに行うための準備です。幼稚園がどんなところなのか，自分が子どもたちにとって一環境になるための心がまえや，子どもを見る目をどれだけもっているかで事前指導を受ける時期は違うでしょう。初めてのときは，実習の承諾を得る前に，子どもたちを取り巻く環境がどのようなものであるか遠くから観察するだけでも心がまえが変化します。実習生自身が自分の能力を認識したうえで，教育実習を受け身に考えず積極的に考え，準備できる期間を設けましょう。自分のなかで，十分な実習の高まりが感じられてから実習の承諾を得るための連絡をしてください。やる気のない学生の気持ちは電話連絡のときの態度から現れてしまうことを忘れないでいてください。実習の承諾をすでに数か月前にもらっていることを前提にすると，実習園の事前指導を受けるタイミングは理想的には1か月前です。実際には実習園の都合を優先せざるを得ないので，ケースバイケースですが，早めの連絡をするにこしたことはありません。初対面もしくは人間関係がほとんどできていないところの事前指導では，好印象を与えることが大切です。あなた自身が相手の立場にたって全力を上げて考えましょう。

　連絡方法は電話連絡のうえ，自分のやる気をアピールするためにも必ず実際に訪問しましょう。忙しくて相手をしてもらえない可能性もありますが，実際に自分の目で実習場所を確かめ情報を集めることで，漠然とした期待や不安を取り除き，実習目的をより明確にすることができます。時間帯は，朝や夕方の忙しい時間は避け，午前11時から12時まで，午後1時すぎあるいは午後4時ごろが比較的時間が空いてます。養成校名，学部，学年，氏名を名乗り，用件を伝えたあと，再度この件でいつごろ電話したらよいか，尋ねるのがよいでしょう。実習先の予定に合わせることができるゆとりのある日程をとり，常に実習を受けさせていただくという謙虚な態度で行動しましょう。

Q28 実習園の事前指導を受けるときの心がまえを教えてください。

A 　事前指導は，すでに実習が始まったと自覚することから始まります。実習園に足を踏み入れたら，事前指導といえども園長，保育者，保護者からは実習生と見られ，園児からは先生（保育者）と見られていることを忘れてはなりません。

　実習園の園長や保育者にとって，やる気のうすい実習生，常識はずれの実習生ほど困るものはありません。実習園では実習生は全員幼児教育の保育者をめざしているものと思って指導します。卒業単位のためにしかたなく実習を受けるという態度がないようにしてください。たとえ保育者にならなくても，実習中のあなたの存在は子どもにとっては先生であるという責任感と自覚をしっかりもって自分の立場を考えて行動してください。また保育者の視点にたって実習生の存在がどんなものか想像してみると，かなり大変な存在であることに気付くでしょう。実習生を迎え入れ，指導するということは重責な役目です。相手の立場になって，いま一度自分を振り返ってみてから臨んでください。

　次に，実際に幼稚園に行き，実習期間という限られた時間ですが，子どもたちと生活をともにするという貴重な経験のなかから，何を学びたいと考えているか，その目標を明確にして，実習に臨みましょう。しかし，心配することはありません。だれにでも初めてのときはあるものです。経験を積ませてもらうという謙虚な態度，保育者になるのだという明確な意思をもって，積極的に，失敗を恐れず，知りたいという勇気をもって臨めばよいのです。子どもたちが体験を通して学ぶように，実習生も養成校で習った知識をこの体験を通して，感性あふれる知恵に変えていくことができるからです。実習は自分に不足しているもの，これから必要なものが何であるのかを体験を通して，実感を伴った気付きとして体で獲得していく場所です。その意味でも実習指導の保育者だけではなく多くの保育者や，子どもたち，実習生を取り巻くすべての環境が，自分にとっての指導者であるという気持ちをもっていてほしいと思います。

Q 29　実習を前にして不安がいっぱいです。実習直前で最も大切なことは何ですか？

　　　ある幼稚園が，実習にくる予定の学生に，実習前に習得してほしいことがらとして次のような要望を出したことがありました。

①その時期の幼児にふさわしい遊びを知っておくこと。②手遊び・指遊びをたくさん覚えておくこと。③礼儀作法を身に付けること。④お話の選び方。⑤絵本の選び方・与え方。

　幼稚園の要望は，裏を返せば，これらに留意すれば実習は成功に近づくということです。したがって以下のことに留意してほしいものです。

　①は５月の実習と10月の実習とでは子どもは同じでないということです。鬼遊びをするにしても，10月はより複雑なルールのある遊びを展開しているであろうということを理解しておかなければなりません。

　②はできれば新しいものにもチャレンジしてください。すでに園で教えられていたら，実習生のそれはきっと色あせ，時には「先生のとは違う」という声を浴びせられるかもしれません。

　③は実習指導の保育者に挨拶をしないで帰る実習生はまずいないでしょう。こんな要望があるということは，それ以外の保育者にもしっかり挨拶できているかということです。朝夕の出退勤のときには必ず職員室に，幼児の送迎のときには保護者にしっかり声をかけてください。

　④は時間があればすぐに絵本や紙芝居に飛びつきますが，それに加えて素話の経験もぜひしてきてほしいものです。昔話，体験談を自分の言葉で語り，どれだけ通用するかを確認してきてください。

　⑤は絵本は自分の好きなものを選んでください。好きなものには必ず理由があります。その理由を何とか子どもに伝えたいという「願い」や「祈り」は必ず子どもの心に届くでしょう。

　このほかに，実習の反省会に臨むと必ずといっていいくらいよくでてくる反省事項があります。①健康を維持することのむずかしさ，②ピアノを子どもの前で弾くことのむずかしさ，③教材の準備の大変さの３つです。

　①については，2週間（4週間）毎日体調をベストの状態にしておくため，実習前から睡眠，栄養，休養，規則正しい生活を心がけて体調を整えておき，実習中も十分に栄養をとって，不規則な生活を避けるようにしましょう。

　②については，幼稚園で使用しているピアノの楽譜を早くから手に入れておくことが大切です。実習前のオリエンテーションか，あるいは自分で実習園に出向き，早めに楽譜をもらっておきましょう。行進曲，季節の歌も各2，3曲は自信をもって弾けるようにしておきましょう。

　③については，伝承遊び，ゲーム，手遊び・指遊び，お話など幼児の発達段階にあったものをいくつか準備しておきましょう。その他，紙芝居，人形劇，ペープサート，パネルシアター，エプロンシアター，絵本，折り紙など幼児向けの児童文化財の活用についても考えておきましょう。十八番（人前であがってもできるという自信のあるもの）をつくってもっておくことが大切です。

　さらには，以下のことにも注意して，準備しておきましょう。

①実習園への提出物は丁寧な字で誤字・脱字・当て字のないように気をつけ，期限に間にあうようにしましょう。

②実習園までの道順，乗り物，所要時間などは事前に調べ，定められた出勤時刻の少なくとも10分前には到着できる余裕をもって行きましょう。

③実習に関わる講義や演習について整理復習をし，年齢による発育・発達の面，心理学から見た幼児の姿，保育内容の全般については特に見直しておきましょう。

④実習に必要な携行品として，実習簿のほかに，上靴，体操服，名札（手づくりのものを），印鑑，筆記用具，ノート・メモ用紙，楽譜，健康保険証の写しなどが毎日必要なものです。時には着替えが必要なこともあります。そのほか，エプロン，コップ，ふきん，歯ブラシも必要に応じて準備しておきます。指導案の記入に際しては，「幼稚園教育要領」，「幼稚園教育要領解説」，国語辞典も携帯しておくことが大切です。

⑤幼児の好むテレビ，歌，遊び，話題に目を向けるようにしましょう。それらがきっかけで子どもとうまく交流がもてるかもしれません。

Q 30　事前実習ではどのような内容を尋ねればよいのでしょうか？

A　実習前はどんな園だろうか，どんな保育者や子どもたちがいるのだろうかと期待以上に不安なことが多いでしょう。自分のその不安を解消するためには，何が不安なのか紙面に書き出すことです。書き出してみると，漠然と不安に感じていたことが不安なことではなかったり，自分にとって何が不安なのか，何がわかると不安でなくなるかが明確になります。自分の不安がわかれば何を質問したらよいかが見えてきます。それから具体的に質問項目のチェックリストを作成するとよいでしょう。質問項目は自分の実習が始まったらどのような事態が発生するか，時系列にそって，具体的に予想してみることで出てきます。それを要領よくチェックリストにまとめましょう。

　質問のためのチェックリストをつくる前に自分で調べられることは事前に調べておくことも大切です。実習生にとっては初めての実習でも，受け入れ側は同じような説明を何度もしてきています。常識でわかるようなことを質問されると実習生のやる気のなさが伝わってきて，指導を始める前にがっかりします。わからないことは尋ねることが大切ですが，時間が限られているので，自分でいかに事前にデータを集めることができるかがポイントになります。こういった「情報を取捨選択する能力」はこれからの時代にはとても必要なものです。

　事前のデータ集めをいかにするかということについては，まず養成校でその園に関する情報を集めます。次に，実際の事前の下見，先輩の話，入園案内の入手，ホームページ，知人からの情報（自分の知り合いに在園，卒園児の保護者がいるかもしれません）などが考えられます。養成校の就職課などに入園案内があったら必ず目を通しておくことです。特に事前の下見では実習園だけでなく，付近のようすも確認しておきましょう。お店や公園など，自分が使う可能性がなくても子どもたちとの会話のなかに出てくるかもしれません。同じあいづちをうつのでも，知っていて会話するのと知らなくて会話するのとではまったく違います。また登園時間や降園時間を観察すると，保護者や園児のようすもわかります。先輩が勤めていたり，家族や友人のなかで実習の近くに住

んでいる人がいれば話を聞いてみましょう。最近はホームページをつくっている幼稚園も増えてきました。検索サイトで探すだけでなく各市町村の幼稚園組織のポータルサイトも確認しておきましょう。また園長先生の名前で検索してみましょう。興味深い情報を得る可能性があります。

　事前実習では約束の時間より早めに到着して，許可を得て幼稚園内をあらかじめ見学させてもらうとそれだけでもかなりの情報を得ることができます。たとえば学年，クラス数，各クラスの園児数（道具入れなどを数えるとすぐにわかります）したがって総園児数も見当がつきます。チーム保育をしているかどうか，教育方針，教育方法なども感じとれます。もし職員室や事務室も見学させてもらえたら教育目標などが掲げてあるかもしれません。教職員の在籍の札があれば，教職員数もわかります。このように少し自分の注意力を高めるだけでも，無駄な質問の時間を節約することができます。わかった時点で，チェックリストに書き込んでおくことも忘れないようにしましょう。

　次に，具体的な事前実習確認事項チェックリストをあげてみます。

1．その園が考える実習生に望む心がまえや基本的心得
2．実習以前になすべきこと
3．その園に関すること
　　①沿革と教育方針　②地域・保護者の背景
　　③年，月，週間の指導計画書
　　④配属クラス，クラス数，男女比，できれば全園分
　　⑤実習指導の保育者，できれば全職員名と役職名
　　⑥クラスの配置図
　　⑦実習形態と実習のスケジュール
4．勤務について
　　①時間，服装などの勤務規定について
　　②毎日持参するもの
　　③事前に準備するもの
5．実習日誌および指導案の作成について
　　①書式や記入のしかた，提出の方法
　　②実習指導の保育者の指導方法と反省会のあり方

6．その他

①緊急時の連絡先（幼稚園の電話番号だけでなく，もし夜中や日曜でも緊急の報告が発生したときつながる電話番号）

②登降園の報告の方法

③幼稚園側からの全体に関して特に配慮すべきこと

④園児に関する態度と特に配慮すべき園児について（たとえばアレルギーや対人恐怖，腕が抜けやすいなど）

⑤日ごろの子どものようすと最近のようす

⑥実習期間が幼稚園にとってどのような時期であるか（たとえば行事前後など）

　自分にとって必要な情報をしっかり見極めて作成し，質問しましょう。質問する側が目的を明確にしていないと，答えることがむずかしいこともあります。何のためにその質問が必要なのか答えられるようにしておくとよいですね。

　またこちらの情報を提供することも必要です。自分自身の状況を要領よく文書にまとめておきましょう。内容は履歴書には書かない内容で，実習先が知っておくと便利な情報です。通勤方法や通勤時間，今までの教育実習の経験の有無と経験があるときはその内容，成績，体調，得意な分野，特技，クラブ活動，卒論のテーマなど，短時間に自分を知ってもらい，なおかつ自分自身をアピールすることができ，よりよく理解してもらうためのデータを作成しましょう。

　最後に，どんなに多くの情報を得ることができても，その園をすべて理解できたことにはならないことも知っておきましょう。実習期間だけでその園の全体を見たように認識し，批判的な見方をしないように注意しましょう。批判は自分の成長にはつながらないことを知っておきましょう。

　初めてのときはプレッシャーがあるのは当然です。子どもが好きな気持ちだけではできない仕事ですが，子どもが好きでなくては勤まらない仕事です。やる気と若さとパワーでいろいろなことに興味関心をもって，こだわり，探求し，反省して，そのことを自分の成長につなげていくことができる発展的な質問を試みるようにしましょう。園，自分，子どもたち，実習指導の保育者にとっても新たな人間関係が始まる第一歩です。自分の見る目，聞く耳，感じる心を大切に，迷いながら，乗り越えていく，その体験こそが実習生に与えられた貴重な成長の場なのです。

Q31 実習生としてふさわしい服装や態度，言葉づかいはどのようなものですか？

A 　服装や態度，言葉づかいに関しては，保育内容以前の問題で，最低限求められる実習生の人間性そのものであると言えるでしょう。期間中，幼児とともに毎日を過ごすわけですから，基本的には子どもたちのお手本となるような姿勢を心がけたいものです。

1．服装等について

服装については，まずは安全第一，清潔で，子どもといっしょに活動する際に動きやすい服装がよいでしょう。また，色彩的には，モノトーンよりも子どもたちが精神的に安定するような，やわらかな色合いが好まれるようです。

靴は，上靴と外靴，どちらも安全で動きやすいスニーカーのような運動靴で，日ごろ履き慣れているものを，きれいに洗って準備します。かかとを踏むと危険ですから，踏まないようにしてください。

髪型は，不潔な印象にならないように，長い髪はきちんと束ね，顔が隠れないようにしましょう。髪の色を染めている人は，黒く染め直しましょう。

長い爪は，危険ですし，ピアノを弾く際に邪魔になるので，短く切ってください。また，マニキュアやペディキュアもとっておきましょう。

2．態度・言葉づかいについて

たとえ自分が未熟であっても，子どもたちからは「先生」として見られていることを常に忘れず，いつも笑顔で，一人ひとりの子どもたちに対して公平に対応しましょう。

また，社会人としての責任感をもち，教えを受ける立場の学生であるという謙虚な姿勢を忘れず，指導してくださる保育者には感謝の気持ちをもって行動しましょう。主体的な挨拶などのマナーや，きちんとした敬語を使った正しい言葉づかいを心がけましょう。勤務にあたっては，園の服務規程を遵守しけっして迷惑をかけないよう配慮したいものです。

Q 32 初めてのクラスでの挨拶はどうすればよいですか？

A クラスの子どもたちとの初めての出会いでは，明るい笑顔やきちんとした服装など第一印象が大切です。自己紹介のときは，クラスの子どもたちが意識して実習生を見る時間です。好印象を与えるいくつかの事項を，次にあげてみます。

1．明るい笑顔とよく聞こえる声で話す。

子どもは保育者の表情に敏感です。また，早口は絶対禁物です。子どもたちの顔を見て，にこやかにはっきりとよく聞こえるように挨拶をしましょう。

2．自己紹介のときに名札を効果的に使用する。

年長児の多く，また年中児の中にも，文字に興味を示す子どもがいます。名札の文字は，子どもが読みやすいように，ひらがなで書きましょう。まんが字や丸文字とよばれるくせのある字ではなく，フルネームを正しい楷書の字で書くことが望ましいです。

自己紹介の一例として，名札の文字を指さしながら，「私の名前は○○です。○○組のみんなとたくさん遊びたいと思います。どうぞよろしくお願いします」と簡潔に自分の名前を印象づけるように話すとよいでしょう。視覚的に名札に注目させると，子どもが実習生の名前に関心を示し，再度名前を尋ねたり，名札を見ようとしたりします。

3．自己紹介の内容は簡潔・明瞭にする。

クラスで自己紹介をするときは，クラスに実習生がひとりしかいなくても，あまり長くならないようにしましょう。自己紹介の内容で一番大切なことは，子どもたちに自分の名前を覚えてもらうことです。特に名前をいうときは，話す速度をゆっくりにしてはっきりと言いましょう。

また，好きな遊びや食べ物など，子どもとの話の接点を見つけやすいことを，自己紹介の内容に盛り込むのもよいでしょう。自己紹介のあと，「先生，私も○○が好きなの」などと，子どもが話しかけてくれたら，子どもと親しくなれるよい機会となることでしょう。

Q 33 実習中，メモはどのようにとればよいですか？

A 　観察実習のときは，実習服やエプロンのポケットに入るくらいの小さなノートを用意して，めだたないようにメモをとりましょう。歩きながらメモをとったり，子どもの近くで立ったままメモをとるのは，子どもの関心を集めるため，好ましくありません。子どもと少し距離をとった場所で，できるだけめだたない姿勢を心がけ，必要なことのみを短時間でメモをするようにしましょう。メモをとる内容は，時間や場所，だれがどのような状況で具体的に何をしたか，客観的な事実を記録しておくと，あとで思い出して実習記録を書くときに手がかりとなります。

　参加実習のときには，原則としてメモをとるのは控えたほうがよいでしょう。しかし，全然メモをとらないのも，実習記録を書く際に保育場面を思い出す手がかりがないので，考察を深めることができにくくなります。

　一例ですが，クラス活動のときに，歌った曲名や読まれた絵本の名前などを記録したり，好きな遊びのときにいっしょに遊んだ子どもの名前などを数分間で手早くメモをするのは，子どもの目にふれにくいと思います。

　実習生がメモをとる姿を見て，子どもが「先生，何してるの？」と尋ねてくることがあります。そのときは「幼稚園の先生になるための勉強にきている」ことや「大切なことを忘れないように書いていた」ことを伝えましょう。

　また，子どもがおもしろ半分にノートをとろうとしたり，ノートや筆記用具を借りたがったり見たがったりしたときも，「大切な勉強の道具だから貸してあげられない」など道具を持ってきた理由を話すとよいと思います。

　メモをとるときに留意するポイントは，保育活動の妨げにならないようにすることと，子どもの注意を集めないようにめだたないように筆記することです。園によってもメモのとり方に対する考え方が異なり，禁止しているところもあるようです。事前に園の保育者に尋ねておいたほうがよいでしょう。

Q 34 子どもといっしょに食べるのですが，お弁当が必要ですか（持ち物の確認）？

A 　幼児期の食事は，子どもの健康な心と体を育てるために大切です。給食を行っている幼稚園は，偏食をなくしたり，みんなで同じ食べ物を食べる喜びや楽しさを感じてほしいという，教育的な意図をもっています。弁当を持参する幼稚園は，保護者の手づくりの弁当が，それぞれの子どもに合わせて量やおかずの種類など配慮されて手づくりされていることで，子どもたちが保護者の愛情を感じつつ，感謝して弁当をいただく気持ちを養いたいとの教育的な意図があります。

　給食を出している幼稚園で実習する場合は，実習生もいっしょに給食を食べるかどうか，事前に給食費の支払いのこともあわせて確認しておきましょう。

　実習生も弁当を準備する際には，コンビニエンスストアなどで購入したそのままの弁当を持参するのではなく，手づくりの弁当を準備するのがよいでしょう。一例ですが，菓子パンやカップゼリーは持ってこないなどの約束をしている園が多いようですので，実習前の打ち合わせのときなどに，必ず確認しておきましょう。コップなど他に食事の時間に準備するものは，各園で違いますので，事前に尋ねておくことが必要です。

　また，保育者と同じように実習生も，正しい食事の姿勢や箸の使い方を子どもに見せることが望ましいです。弁当箱や箸入れなどにあまりたくさんキャラクターがついているものは，避けたほうがよいでしょう。

　食事をするときに，実習生の弁当に興味を示し，なかにはさわったりほしがったりする子どももいるかもしれません。そのときは，「元気に大きくなるためには，弁当は全部自分が食べたほうがよい」ことを理由として話すと，子どもたちも自分の弁当がいろいろと配慮されてつくられていることに気付き，食べ物に興味・関心を持つだけでなく，感謝の気持ちが育つことと思います。

第2章の確認のポイント──────────────────

□事前指導とは，幼稚園実習を実施する前に，実習の基本的理解と実践的理解を行う学内指
　導のことです。

□幼稚園実習は，幼稚園の活動と園児の生活の実際を具体的に理解し，幼稚園の意義および
　保育者の責任を体得することにあります。

□実習を行うにあたっては，実習生が実習テーマを設定して臨むにことが大切です。

□実習生は，子どもたちのお手本となるような姿勢や言動を心がけましょう。

□初めてのクラスでの挨拶では，明るい笑顔で簡潔・明瞭に自己紹介できるように事前に準
　備しておきましょう。

第 **3** 章

実習が始まったら

1．実習中に学ぶこと（Q35〜45）
2．実習記録について（Q46〜51）
3．指導案について（Q52〜56）
4．保育教材の用意と指導の心がまえ
　（Q57〜69）
5．子どもたちとの関わり（Q70〜85）
6．配慮が必要な子どもたちとの関わ
　り（Q86〜89）
7．保育者や保護者との関わり（Q90
　〜93）

1 実習で大切にすること

　幼稚園で実習をするにあたって，実習生が大切にすることは何でしょうか。実習をするうえで最も大切なことは，幼稚園はかけがえのない子どもたちの命を守り育て大切にしている場所であるということです。それを踏まえ，保育者は，子どもの思いや行動を読み取り，日々保育実践をしています。

　実習生は，なぜ実習をしているのかという「意味」と「意義」をしっかりもち，それを実習テーマで表すことが大切です。具体的には，実習生が「子どもを理解する」「幼稚園の理念と沿革を学ぶ」「保育者の子どもとの関わり方や援助の仕方を学ぶ」「他職種他機関との連携について学ぶ」などを実習テーマとしてもつことが大切です。

2 実習で学ぶこと・めざすもの

　実習生は，あくまでも学びの途上にある存在で，可能性を内に秘めながらも未熟な状態です。しかし多くの実習生は，実習を契機としてその後，学ぶ姿勢が変化し，子ども理解が深まり，保育の仕事の多様性が理解できるようになります。子どもを目の前にして実習を通して学ぶことには，大きな意義があります。

　実習では，子どもとの関わりが中心となります。子ども理解を通じて，幼稚園と保育の仕事に関する理解を深めること，自己理解を深めることが基本的にめざすものと考えられます。実習生自らが人的環境となり，遊びを通して，子どもの豊かな人間性育成のため，子どもと相互作用から学ぶことが重要です。また将来，専門性の高い保育者になるため，自ら主体的に幼児教育・保育の実践を創造していこうとする保育者をめざしてください。

　一方，幼稚園では，実習生に何を学んでほしいと願っているのでしょうか。実習は配属クラスの環境構成と子どものようすを観察することから始まります。観察を通して実習生は，子どものようすや保育者の援助のしかたを学び，実際に子どもの生活と遊びの援助を行います。子どもが主体的に活動するようすを，保育者が援助し，その時々に必要な子どもの課題を見きわめて提供したり，見守ったりする知識及び技能や判断力などを学んでほしいと願っています。また，実習生には，子どもに信頼される保育者の姿から学んでほしいと願っています。

❸ 振り返ること

　保育者は精一杯子どもと向かい合い，共に生き，共に成長できる「共生・学びの実践家」です。保育実践家の倉橋惣三（1976）は，「子どもが帰った後で，朝からのいろいろなことが思いかえされる。われながら，はっと顔の赤くなることもある。しまったと急に冷汗の流れ出ることもある。（中略）大切なのは此の時である。此の反省を重ねていく人だけが，真の保育者になれる。」と語っています。実習生は，日々の実習を振り返り，学んだことや発見したことなどを整理しながら書くことによって，自己の改善点などが明確になります。また，子どものことを振り返ることによって，子ども理解が深まり，子どもの豊かな心を育む幼児教育を探求することになるでしょう。

❹ 実習中に守らなければいけないこと

　近年，実習中に SNS（LINE，Twitter，Facebook，Instagram など）への書き込みやつぶやきに関して，弊害が報告されています。過去に SNS に書き込みをして，実習が中止になったり，実習の単位が不可になった実習生もいます。SNS などで自他の個人情報を流してしまうことは，保育者に課せられた守秘義務（プライバシーの保護）に違反したことになります。この守秘義務は，実習生にも課せられています。全国保育士会「全国保育士会倫理綱領」には，「私たちは，一人ひとりのプライバシーを保護するため，保育を通して知り得た個人の情報や秘密を守ります。」と記載されています。実習生は，そのことを忘れず，謙虚な姿勢で実習に臨まなければなりません。

　以上，実習中のポイントについて記しました。実習中の詳細なことがらについては，このあとの Q&A に書かれていますので，よく読んで理解してください。

Q35 実習期間中の心がまえとポイントを教えてください。

A 　第一に，慣れない環境で緊張した日々が続くため，実習全期間中，自己の健康管理に努め，心身ともにベストコンディションで臨むことが大切です。

　次に，子どもたちの安全に配慮して行動することは言うまでもありません。命を預かることの重要性をもう一度考えましょう。

　また，たんに免許を取得するためのみの実習ではなく，自分がその実習で何を学びたいのかを明確にし，自己課題，目的意識をしっかりもって取り組んでください。

　幼稚園実習の段階については，各養成機関によって，その形態や期間，内容などにちがいがあるでしょうが，一般的に，見学実習，観察実習，参加実習，部分実習，そして，最終的には責任実習として，一日保育を任せられるという段階をたどります。

　けれども，養成校によっては実習期間の4週間を同じ園で一度に行う場合もあれば，同じ園，あるいは異なる園で2回に分けて行う場合もあります。また実習園によっても，その形態や内容が何度もくり返されたり，入れ替わったりする場合もあり，対応は様々です。しかし，実習生は，責任実習にいたるまでの流れを，それぞれの実習期間を通してきちんと体験的に身に付けていかなくてはなりません。ここでは実習内容に関して，ある程度段階的にその心がまえとポイントについてふれておきましょう。

1．実習初期

　初期の段階，できれば初日に自分のクラスの子どもの名前を覚える努力をしましょう。子どもにとって名前で呼ばれることは，実習生に対する信頼の第一歩となります。子どもの言葉にしっかりと耳を傾け，いままで学んできた遊びや歌などを交えて，子どもたちのなかに積極的に入っていきましょう。

　また，見学実習を通して，その幼稚園の概要，教育方針，人物・物的環境や保育の1日の流れをできるだけ早く把握しましょう。そのためには，デイリー

プログラムを作成してみるのもひとつの方法です。

　次に，いろいろな場面で，幼児の姿や保育者の関わりの姿をしっかりと観察し，一人ひとりの幼児の興味・関心や発達課題を理解し，観察記録を作成しましょう。もし，わからないことがあったり，疑問に思ったことがあれば，素直に保育者に質問して解決できるよう努めます。質問する際には，学生として学ぶ姿勢，すなわち謙虚な姿勢を忘れず，批判的な態度にならないよう十分気をつけてください。

２．実習中期

　実習園の生活の流れにも慣れ，子どもたちとも自然に関わることができるようになったら，参加実習に移行し，保育者の助手的な立場にたって，ある程度，先を見通して，臨機応変な対応ができるよう動きます。ここでは，初期にしっかりと観察して得た体験が大いに生かされることになります。

３．実習後期

　いよいよ仕上げの段階です。部分実習，責任実習などを通して，実際に子どもたちの活動を予測し，それに即した環境を設定し，計画をたてて援助を行います。事前に実習指導の保育者から指導を受け，それをもとに何度も指導案に手を加えながら，よりよい指導ができるよう努力します。失敗を恐れず，もし失敗しても，次のステップで改善を試みましょう。

　最終的には，研究保育なども行われ，実習のまとめになります。ここで得たアドバイスなどは，保育者となる将来の自分に役立つことですので，素直に耳を傾けてください。

　実習生には，社会人，先生（保育者の卵），学生としてというようにいろいろな立場があります。それぞれの立場をきちんと認識し，その時どきにふさわしい行動をして下さい。社会人としてのマナーやルールをきちんと守り，子どもたちや保育者とのコミュニケーションを図り，円滑な人間関係を築いていくことも必要です。常に立ち止まって，振り返りながら，自分にとってすばらしい実習になるようにしましょう。

Q 36 幼稚園に到着してから子どもが登園するまで，実習生は何をすればよいのですか？

A 　実習生も保育者と同じように，子どもたちがその日1日を安全に，そして安定した気持ちで過ごすことができるような環境づくりを心がけ，登園してくる子どもたちを迎え入れる準備をします。

　まず，登園後，挨拶や着替え，出席簿の押印などをすませたら，以下の要領で清掃，準備にとりかかりましょう。

1．園庭

　子どもたちがけがなどしないよう，危険なものが落ちていないかなど，安全に十分配慮しながら，清掃を行います。また，使用するぶらんこ，すべり台などの遊具については，特にていねいに点検する必要があります。

2．廊下およびクラス

　まず，窓を開け，十分に換気をしたあと，子どもたちの使用する机や椅子や棚を拭いたり，花瓶の水を替えたり，必要な備品や消耗品の点検，整備をします。トイレや洗面所などについても同様です。

　また，子どもたちがそれぞれの興味に応じて，コーナーで自由に使用できるような絵本，折り紙，ブロックなどの玩具類，活動内容に応じた教材などの準備も必要です。

　このように，子どもたちが登園してくるまでの短い時間内にたくさんのことに気を配りながら環境を整えることは，本当に大変なことです。まずは，実習開始の時間ぎりぎりに登園することがないよう，余裕をもって園に到着し，仕事を始められるように心がけましょう。

　そして，すべての準備を終えて子どもたちが園にやってくるころには，物的な準備だけではなく，精神的にもゆったりとした気持ちをもち，とびきりの笑顔で迎え入れたいものです。

登園してくる子どものようすを見るポイントを教えてください。

A　朝，幼稚園に登園してくる子どもたちは，様々な思いをもって登園してきます。登園する子どもたちの気持ちを受けとめながら，やさしい笑顔で明るく朝の挨拶をすることは，とても大切です。

「おはようございます」というときは，相手の子どもの目をしっかり見ましょう。目には子どもの気持ちが表れます。子どもの目を見るときに，表情や顔色，全体的な子どものようすもよく観察しておきましょう。その日の心身の健康状態が良好であるかどうかを確かめることにもなります。

バス通園や集団登園してくる場合には，一度に複数の子どもを受け入れることになるので，一人ひとりのようすに留意し，気付いたことはすぐにメモができるように，ポケットに小さなメモ用紙とペンなどを準備しておきましょう。また，保護者もいっしょに登園する場合は，保護者に挨拶することも忘れないようにしましょう。

子どもに挨拶はしたけれど，それからどのように言葉を続けたらよいか困ったという実習生の声もよく聞きます。言葉をかけるだけでなく，笑顔で「○○ちゃんが来るのを待ってたよ」という気持ちで迎えることが大切です。子どものようすを見て気付いたことや，昨日遊んで楽しかったこと，今日準備している遊びの話などするのもよいでしょう。ただし，朝の受け入れの時間は限られていますので，ひとりの子どもとあまり長く話し込まないことです。

朝の受け入れの際には，子どもの髪型や服装，持ち物などにも留意して，よく見ておきましょう。子どもたちの名前を覚えたり，降園の際に忘れ物がないか確認するうえで役に立ちます。

毎朝子どもを迎えるときは，昨日まで見えなかった一人ひとりの子どもたちのよさを発見しようというフレッシュな気持ちで，子どもと向き合いたいものです。

Q38　見学・観察・参加・指導実習があると聞きました。ちがいを教えてください。

A　実習には，大きく分けると本実習前に行う見学実習と本実習の2つがあります。さらに本実習の実習内容として観察実習と参加実習・指導実習があります。

見学実習

本実習（①観察実習　②参加実習・指導実習）

1．見学実習

　見学実習とは本実習以前に実習園を訪問して，以下のことを学ぶことを目的とします。

　①幼稚園の沿革・教育方針・運営等について理解する。

　②園の1日の流れを理解する。

　③建物の構造（園舎や教室の配置，園庭など）を把握する。

　④教材・教具・園具などについて把握する。（室内・室外）

　⑤子どもたちのようす（どんな遊びをしているか等）を把握する。

　⑥保育者の職務内容を把握する。

　⑦その他

　以上のことを，見学実習で学習しておくことは本実習に向けての大きな準備となります。たとえば実習園にある教材や教具を確認することや子どもたちがどのような遊びをしているかを知ることは，本実習までにどのような教材・教具を準備すればよいか等につながります。また，1日だけあるいは数時間だけの見学実習でも子どもたちは実習生のことをよく覚えており，本実習の際にスムーズに子どもたちと関わることができるようになります。

　限られた実習期間を実り多い実習にするために，見学実習は大切な実習のひとつといえます。

2．観察実習

　観察実習とは本実習期間中の開始時期（2，3日程度）に実施され，幼稚園教育の基本を理解し，客観的に把握することをねらいとしています。具体的には以下の内容を観察します。

　　①幼稚園の沿革・教育方針・運営等について理解する。

　　②保育の1日の流れ（預かり保育を含む）を全体的に理解する。

　　③環境，施設設備等や職員組織等を理解する。

　　④園長，保育者の職務内容と役割を理解する。

　　⑤幼児の個人，集団の一員としての行動や遊び等を観察する。

　　⑥幼稚園と家庭・地域社会および保育所・小学校の連携を理解する。

　　⑦その他

3．参加実習・指導実習

　参加実習とは観察実習後から実習終了までの期間をさします。参加実習の段階に入ると実習生は実習指導の保育者の補助という立場で保育に参加，援助をすることで保育の流れを実践的に理解します。具体的内容として以下のことを学びます。　①保育者としての態度，保育技能・技術を身に付ける。

　　②指導計画に基づく子どもの活動と保育者のはたらきかけの関係や「ねらい」の達成など計画と実際について理解する。

　　③実習指導の保育者の補佐として，環境構成，教材の準備やあと片付け，クラス運営の事務処理，その他の業務を行う。

　　④実習指導の保育者に承認された範囲で直接子どもの遊びに加わったり，保育活動の一部を分担したりしながら，積極的に参加活動を行う。

　　⑤一人ひとりの子どもの個別指導の方法について学ぶ。

　さらに，指導実習（部分実習や責任実習）では，実習生自身の指導計画に基づき，日常の保育を担当します。指導者の指導方法，指導技術を習得することがねらいとなります。指導計画にあたっては，実習指導の保育者，主任，園長の指導や助言を受けて行います。部分実習・責任実習の前には実習指導の保育者や主任，園長に指導案を提出し，助言・指導を受けることを忘れないようにしましょう。

Q 39 見学実習の目的，気をつけること，学ぶポイントを教えてください。

見学実習は，本実習以前に実習園を訪問見学し，実習準備のために以下のことを学ぶことを目的とします。

①幼稚園の概要および教育方針などについて話を聞き，理解する。

②見学を通して，園の1日の流れ（預かり保育を含む）を理解する。

③園舎や教室の配置，園庭などを見学し，園の全体的な構造を理解する。

④室内・室外において，どのような教材・教具があるかを理解する。

⑤子どもたちのようすやどんな遊びをしているかを理解する。

⑥保育者の職務内容について話や見学を通して理解する。

⑦実習への心構えと注意事項（出退勤時間，服装など）について理解する。

見学する際には，子どもたちや保育者の活動の妨げにならないように注意することが必要です。メモ帳（小さめ）と筆記用具を持参し，必要なことがらはメモをとるようにします。

また，見学実習でも子どもたちと関われるように保育者に許可を得るとよいでしょう。子どもたちと関わるときには，笑顔で接するよう心がけ，名前を呼びすてにしないことや言葉づかいに注意してください。また，メモをとることばかりに夢中になるのではなく，子どもたちが話しかけてきたら応答しましょう。子どもたちと遊ぶときには，主役は子どもたちであることを忘れず，子どもたちの遊びを尊重しながら関わるようにします。子どもたちが集中して活動を行っているときには活動の妨げにならないように，立つ位置も考えましょう。

以上，見学時のポイントをあげましたが，見学する前には，園の保育者に見学のしかたや子どもたちと接するときの注意点・留意点について尋ねましょう。また見学終了後，気付いたことや疑問に思うことなどを，保育者に質問をして理解を深めてください。

Q 40 観察実習の目的，気をつけること，学ぶポイントを教えてください。

観察実習は，幼稚園教育の基本を理解し，客観的に把握することをねらいとしており，以下の内容を観察します。

①幼稚園の沿革・教育方針について理解する。

②登園から降園までの１日の流れ（預かり保育を含む）を全体的に理解する。

③保育の環境，施設設備等や職員組織等を理解する。

④園長，保育者の職務内容と役割を理解する。保育者の援助（言葉かけ，ほめ方，注意のしかたや子どもとの関わり方などについて）を理解する。

⑤幼児の個人，集団の一員としての行動や遊び等を観察する。

⑥幼稚園と家庭・地域社会および保育所・小学校の連携を理解する。

⑦その他

観察実習は固定クラスだけではなく，園によってすべてのクラスを観察することもあります。また，はじめから観察実習と参加実習がいっしょになる可能性もありますので，「しかた」についてはしっかりと確認して行動しましょう。

観察実習には第三者として観察する場合と，子どもと関わりながら観察する場合があります。いずれの場合にも，子どもが成長するために学ぼうとする姿に焦点をあてることが重要です。そのなかで，子どもたちはどんなことができるのか，どんなときに援助が必要なのか，教材・教具をどのように使っているのか，また子ども同士の関係（同年齢同士だけでなく年長児と年少児の関わりなど）等について学びます。さらに子どもたちの遊びのルールや生活のきまりを知ることも大切な要素です。

保育者が子どもたちに話をしているときは，全員が視野に入る場所に位置すると保育者の子どもに対する対応が把握できます。特に保育者の子どもに対する言葉かけ，名前の呼び方，子ども一人ひとりと話すときと全体に対して話すときのちがい等に学びのポイントをおきましょう。一方で，自分ならどのような言葉かけをするのか，どのように展開していくかなど部分実習や責任実習のシミュレーションをしながら観察するとさらによい学びができると思います。

Q 41 自由な時間の子どもとの関わり方を教えてください。

A 　　　自由な時間は子どもたちがいま何に興味・関心があるのかを捉え，それをきっかけに子どもの心のなかに入るよいチャンスです。

　子どもたちは名前を覚えてもらうと心を開いてくれます。そのためには早く名前を覚えることです。挨拶をするときや話をするときに，「○○さん」と名前を呼びながら話したり遊んだりすると喜ぶでしょう。一方，実習生の名前を覚えてもらうために，「○○先生は…」と自分の名前を口にしたり，子どもたちの興味をひく手づくり名札を取り替えたりするなど子どもたちに覚えてもらう工夫も大切です。

　自由遊びの時間などに「仲間に入れて」「何しているの？」「外で遊ぼう」などの言葉かけをし，子どもたちと関わり遊ぶことでなかよくなってきます（子どもたちも積極的に関わろうとしてくれるでしょう）。子どもの遊びのなかに入っても，子どもたち自身が遊びを展開している場合には，実習生の考えを押しつけたり，子どもの活動を妨げないように配慮しましょう。

　観察のなかで子どもたちが虫に興味があることに気付いた場合，色紙やアルミホイルなどで虫（例：クモ）をつくって見せる方法もあります。関心のある子どもたちは「私もつくってみたい」という気持ちになり，製作活動に展開することもあります。また，実習前に子どもたちが見ているテレビ番組を調べ，それを話題にしながら子どもたちとなかよくなる方法も考えられます。あるいは折り紙で子どもたちが興味をもっているものの折り方を覚え，いっしょに折るのもよいでしょう。引っ込み思案の子どもや人見知りの子どもと関わるときは，その子どもと１対１ではなく，友達もいっしょに遊ぶようにすると緊張感がうすれ，楽しく遊べるようになるかもしれません。

　子どもたちの遊びの輪のなかにいても，埋没するのではなく，一歩引いて客観的に子どもたちのやり取りなどを観察しましょう。子どもたちが交わす言葉のおもしろさや子ども同士の関わり方を学ぶ大きなチャンスになります。

Q 42 食事の時間の実習生の動きと見方のポイントを教えてください。

A 　弁当や給食などの食事の時間は，子どもにとって楽しい時間です。子どもたちが，落ち着いた楽しい雰囲気で食事をすることを心がけたいものです。食事の時間のテーブルや椅子のセッティングは，それぞれの幼稚園で決まった方法がありますから，実習初日に環境構成の方法を覚えて，次の日から保育者に指示をされなくても，主体的にできるようにしておきましょう。

　しかし，日ごろは保育者が子どもといっしょに準備していることを，実習生が 1 人でやってしまうのは，好ましいことではありません。初日に食事の準備の方法を観察して，そのクラスの保育者の意図ややり方を確認し，子ども自身にしてほしいと考えていることや援助の方法を尋ねておきましょう。

　食事指導は，個別に行うことが多いので，クラス担任の保育者との連携が大切です。食事を始める挨拶をし，子どもが食べ始めたからといって，実習生もすぐいっしょに食べ始めるのではなく，子どもたちが落ち着いて食事をとっているかどうか確認して，クラス担任の保育者にことわってから食事をとりましょう。

　子どもの食事の時間は，約30分程度で終わるのが望ましいので，実習生はそれよりも短い時間で食事をすることになります。食事をしながら，子どもたちのようすを見たり，援助したりすることにも気を配りましょう。

　子どもたちが「ごちそうさま」をして，それぞれがあと片付けを終えるまでの時間は個人差がありますが，全員の子どもが食べた量や，残食の状況を把握することが重要です。また，食事のあと片付けや歯磨きなどは大切な生活習慣の指導です。クラス担任の保育者を見習いながら，一人ひとりの子どもがきちんとできているかどうか見守り，必要ならば援助していきましょう。それと並行して，テーブルなどの食事の環境構成を，午後からの遊びの環境構成へと変えていく必要があります。そのために，テーブルの上を拭くことや，テーブルや椅子に食べ物をこぼしていないかどうか確認することなど，清潔面にも留意しておきたいものです。

Q 43 実習反省会は何をするのですか？　どのような姿勢・態度で臨めばよいですか？

　実習反省会には，毎日の反省会，責任実習の反省会，実習終了日の反省会など実習園によっていくつかの反省会があると思われます。

1．毎日の反省会

　毎日の反省会では，保育者からその日の実習内容についてよかった点や反省する点などのコメントをもらったり，実習生が保育者の指導法つまり子ども一人ひとりにあった対応のしかたについて質問を行ったりします。また，日誌の書き方の指導や部分実習の反省も行います。1日を振り返ることが，次の日の子どもとの関わり方や実習内容につながりますので，真摯な態度で反省会に参加しましょう。

2．責任実習の反省会

　責任実習の反省会では，実習指導の保育者だけでなく園長先生や他のクラスの保育者からもコメントをいただきます。指導案を参考にしながら，担当クラスの年齢や子どもたちの姿にあう設定保育（主活動）が行われたか，準備は十分だったか，時間配分はどうだったか，子どもへの対応はどうだったか，子どもの能力を導きだす実践が行われたかなど反省が行われます。

3．最後の反省会

　最後の反省会には，職員全員と全実習生が参加します。実習生が実習を終えての感想や実習で学んだことなど反省を発表します。実習中のできごとなどを話し合い，それに対する保育者からのアドバイスを受けることもあります。また，実習期間中の総合評価（勤務態度，子どもへの対応のしかた，環境構成，保育技能の習得，日誌・指導案の作成など）もあります。

　反省会において自分の意にかなわない厳しい評価を受けることもありますが，弁解せず素直に受け入れましょう。忙しいなかで実習を受け入れ指導してくださった保育者に感謝の気持ちをもち，一つひとつの言葉が保育者としての技術向上につながるんだという気持ちで反省会に臨みたいものです。

実習中に幼稚園の創立記念日や災害などによる休日があった場合，実習を延長するのですか？

A 　免許を取るための実習期間は教職員免許法に基づき各養成校のカリキュラムで定められたものであるので，原則的には，実習期間中に休園日があればその分の実習は追加する必要があります。ただし，休園日の取り扱い方は，園によっても違います。たとえば，園児にとっては休みであっても，職員にはなんらかの勤務にあてられている場合もあります。また，実習を延長するにあたっても，幼稚園の行事などの日程や他の実習生の受け入れと重なるなど，都合によっては日をあらためないと延長分の実習の日程が確保できない場合などもあります。養成校によっては，実習の日程自体に，ある程度の余裕をもたせて計画してある場合もあります。

　同様に，実習期間中に台風や地震などの災害により園が休園になる場合もあります。事前に休園の予測ができる災害の場合は，園に相談しどのように行動するかを決定してください。台風などの場合，園は休園になっても業務のため職員は園に待機される場合もありますので，実習生としてどのようにすればよいか確認してください。また，地震や火災など突然の災害のために通常業務ができなくなる場合もあります。このような場合，状況に応じて園児を自宅に帰すもしくは園児とともに安全な場所へ避難するなどの対応が必要になります。この時，実習生としてどのような対応ができるか相談し，園の指示に従ってください。園児の安全を確保することはもちろん大切ですが，自身の安全も確保できるように臨機応変に対応してください。

　このように様々な状況があるので，まず実習オリエンテーションで，実習の日程について，実習期間中に休園日や行事などが入っていれば，そのとき自分たち実習生がどのように対応すればよいかを確認しておく必要があるでしょう。また，災害対策マニュアルなどがあれば見せていただいたほうがよいでしょう。さらに，実習期間を延長する必要がある場合は，園に対してはその日程をいつとることができるかなどを確認し，自分が所属する養成校の実習担当者にその点について事前に相談し，結果を報告しておく必要があるでしょう。

Q 45 実習中に採用試験を受けたいのですがどうすればよいですか？

A 　基本的には，実習の日程と採用試験の日程が重ならないようにしておくことが必要です。ただし，必ずしも両者の都合がうまく合う場合ばかりではありません。事前に採用試験の日程がわかっている場合は，オリエンテーションの時点でそのことを園の保育者に連絡しておき，追加実習をどうするかについてまで園の保育者に相談しておくべきだと思います。「就職試験のため」という理由だけでもよい場合もありますが，園側からもし試験について詳しく聞かれたときには，隠したりごまかしたりせず，正直にかつ誠実に答えたほうがよいでしょう。たとえば，保育者以外の就職試験の場合は，言い出しにくいこともあると思いますが，変にごまかしてあとで園にわかったときに誤解を招くよりも，「保育者への道も考えていますが，就職がむずかしい現実もあるので，現在は別の道に進むことも考えています」などのように，さきに自分の気持ちを自分の言葉で話したほうが結果的によいと思います。もちろん園に対して失礼なことをしていると自覚して，「実習は自分のための勉強であり，一生懸命やるつもりです」という態度を忘れてはいけません。また，同じ専門職の道でも，幼稚園の実習中に保育所や児童福祉施設などの試験を受ける場合も，たとえば「私としましては，現在のところ，○○で働きたいと考えております」というように素直に自分の気持ちを保育者に伝えたほうがよいでしょう。このような場合100点満点の答えというものはありません。時として，いやみをいわれることもあるかもしれませんが，それを明るく受けとめる努力をしたほうが，前向きの対応になると思います。さらに，実習中に試験の日程が突然決まってしまう場合もあるでしょう。このときも，基本的には実習を優先すべきです。しかしながら，やはり就職も大切であるので，このときもこれまでと同様の対応をとるべきでしょう。ただし，突然決まった場合には，どういう理由であれ，園に無理に日程の変更をお願いしていることに変わりはないので，突然日程変更を申し出た点をきちんとお詫びして，誠実に対処することが望まれます。

実習日誌は何のために書くのですか？

A 　実習日誌は，保育者をめざしているあなたが，日々の実習を実りのあるものにし，子どもの成長・発達の援助者として，実践的で専門的な見識を培うために書くものです。「実習日誌は，自分自身のために，自分の保育者としての成長のために書くのだ」ということを，まずは，しっかりと肝に銘じておいてほしいと思います。

　あなたの保育者としての見識は，クラスにおいて，あなた自身が観察したことや経験したことの意味と価値とを反省的に考察することによって深めていくことができますが，そのためには実習日誌を書くことが必要不可欠です。かりに，実習日誌を書くことがなければ，実習のなかでの自分自身の言葉，意識，行動は省みられず，子どもの活動の受けとめ方や子どもに対する関わり方を改めていく機会は失われ，そのときその場かぎりの体験に終わってしまいます。これではいくら実習をしたとしても，あなたの保育者としての成長の糧にはなりません。

　実習日誌を書くことによって，クラスにおいて自分が観察したことや経験したことに深い意味と価値があるということに気付くことができますし，自分自身の言動や意識，子どもの活動の捉え方を批判的に吟味することができます。そこから，翌日以降の実習において改めていくべき点や，保育者として成長していくための長期的な課題も見えてくるでしょう。また，書いたものを実習指導の保育者に読んでいただくことで，自分の気付いていない部分や誤って理解している部分を指摘していただくことができますし，子どもたちの遊びの世界のおもしろさや奥深さについて語り合うこともできるでしょう。

　このように，実習日誌は，実習生であるあなたが，子どもの成長・発達の援助者としての実践的で専門的な見識を深め，成長していくために欠かすことのできないものなのです。

Q 47 実習日誌は毎日書くのですか？

A 　実習日誌は，毎日書くものです。実習日誌は，気分しだいで書いたり書かなかったりするものではありませんし，数日分をまとめて書くようなものでもありません。実習日誌は，実習をしたその日のうちに書くことによって，初めて意味をもつものであると心得てください。では，どうしてその日のうちに記入することが重要なのでしょうか？

　あなたは，1日の実習が終わると，その日，子どもたちがどのように遊びを展開していったのかをていねいにたどり直し，その活動の軌跡を実習日誌に記録していきます。そうすることによって，子どもたちが翌日にどんなふうに遊びを展開していくかについて予想をたてることができますし，それに対する適切な援助のしかたを具体的に考えておくことができます。実習日誌を書かなければ，このようなことができず，子どもたちに対して場当たり的な関わり方しかできなくなります。これでは，保育者の卵として失格であるといわざるを得ません。実習日誌を毎日書くことは，子どもの成長・発達を豊かに保障し得る保育者となっていくために必須の営みなのです。

　また，さきの項目で述べたように，実習日誌は，その日，自分が子どもたちの活動をどのように観察し，子どもたちとどのように関わり，どのような援助を行ったかを反省的に振り返って，それらが適切であったかどうかを冷静に吟味するために書くものです。この「自分の言動や意識を反省的に振り返ること」，つまり「自分で自分自身をモニターすること」は，だれにとっても，時間が経ってからするのがむずかしい作業です。ましてや，毎日が新しい経験の連続であり，常に緊張している実習生にとっては，いっそう困難でしょう。だからこそ，記憶の鮮明なその日のうちに，その日1日の自分のあり方を振り返ることで，その妥当性を批判的に吟味し，翌日以降の自分の課題を明確にすることがいっそう重要になるわけです。実習日誌を毎日書くことは，そのための方法なのです。

Q 48　実習日誌の書き方について教えてください。

A　実習日誌の記入には，ペンまたはボールペンを使用してください。何度も修正液を使用する必要のないように，メモやノートをもとにして，文章を推敲しながら書くとよいでしょう。

　実習日誌は，あなたが在籍している養成校によって，あるいはあなたが実習をする幼稚園や認定こども園によって，形式と内容に若干のちがいがありますが，「観察実習・参加実習の記録」の欄と「考察・反省・感想」の欄の，大きく分けて2つの部分から成り立っているという点でほぼ共通しているようです。

　「観察実習・参加実習の記録」の欄には，その日1日を丹念に振り返って，子どもたちの充実した活動を促すために保育者や実習生であるあなたがどのような環境を構成したか（ときには図で示すことも必要でしょう），子どもたちがどのように活動を展開していったか，子どもたちの活動に対してどのような援助を行ったかなどを記述していきます。このとき，実習中にとったメモをもとに記憶をたどり直すとよいでしょう。

　「考察」の欄には，子どもの活動の意味や，保育者の援助や配慮の意味について，あなたが発見したこと，あるいは自分なりに深く考察したことを記述してください（これについてはQ51も参照のこと）。「反省」の欄は，実習生であるあなたのその日1日の言動はもちろん，あなたがこれまで保持してきた保育という営みの捉え方（保育観），子どもの存在と活動の捉え方（子ども観），保育者の存在と活動の捉え方（保育者観）などを批判的に吟味することによって，そこから自分自身の今後の課題として明らかになったことを記述するところです。「感想」の欄は，保育の実際にふれてあなたが感じたこと，心を動かされたことを率直に記述する欄です。傍観者的態度に陥ることなく「当事者意識」をもって，また自分が実習生として「教わる立場」にあることを念頭に置いて，謙虚な気持ちで書くようにしましょう。

Q49 実習日誌を書くときの表現で注意しなければならないことは何ですか？

 　　以下，実習日誌を書くときの表現で注意しなければならない点を箇条書きにします。

①実習日誌は，公的な文書に準ずるものです。あなたと経験やその場の状況を共有していない人が読んでもわかるように文を書くことが必要です。そのために，主語，目的語，接続詞を省略せずに文を書くようにしましょう。文字をできるだけていねいに書くことは言うまでもありません。

②幼児期の特性を踏まえた表現を心がけましょう。たとえば，あなたが４歳児のクラスで実習をさせていただく場合には，実習が始まるまでに４歳児の発達のおもな特徴を復習・整理しておき，それを念頭に置きながら実習日誌を書くことが不可欠です。

③「○○ができなかった」「もっと○○しておけばよかった」といった表現を安易に用いないようにしましょう。こうした表現をたやすく使っている人は，そうすることによって，「できごとをさらりと流してしまっている」のではないでしょうか。実習生に必要なのは，安直な反省の弁ではなく，悩み，工夫し，次の実践に生かすことです。

④実習園によっては，子どもの名前を実名ではなく，イニシャルで表記するように指示されることがあります。

⑤誤字や脱字，あて字がないように心がけてください。実習日誌を書くときには，常に国語辞典をかたわらに置いておき，漢字や言葉の意味が不確かなときには，必ず調べてから記入するようにしましょう。実習日誌を書くうえで，まちがいやすい言葉の例を以下に示しておきます。

×多勢（○大勢）　　×危剣（○危険）　　×裁培（○栽培）　　×引卒（○引率）

×勢一杯（○精一杯）　　×価値感（○価値観）　　×片ずけ（○片づけ）

×教育過程（○教育課程）　　×子ども同志（○子ども同士）

×七夕飾りの制作（○七夕飾りの製作）　　×年小児（○年少児）

×遊技室（○遊戯室）　×環境設定（○環境構成）

Q 50 実習日誌を書くのに時間がかかると聞きます。要点を押さえた書き方を教えてください。

A 　初めて実習日誌を書く人が実習日誌を書くのに時間がかかってしまうことは，やむを得ません。そうではなく，実習日誌を何度も書いているのに，いつまでたっても書くのが苦痛だといっている人を時どき見受けます。このような人は，実習日誌を書くことに時間がかかるから苦痛なのではなく，書くことに意味を見いだせないから苦痛なのです。意味を見いだせないことをいやいやしているのですから，時間がかかるのは当然というべきでしょう。それでは，どうすれば意味を感じられるようになるのでしょうか。

　まずは，実習日誌は，翌日以降の実習における自分のあり方を改善するために書くものであるということをしっかりと肝に銘じてください。Q47でも述べたように，実習日誌を書くことで，その日の子どもたちの活動の流れが整理され，「明日はこの子をもっとよく見てみよう」とか「明日はこんなふうにはたらきかけてみよう」というように考えることができ，翌日以降の実習における自分自身の課題を見いだすことができます。翌日はその課題をもって実習に臨むことによって，主体的な学びを展開することができるはずです。このように，今日の実習を明日の実習につなげていくのが実習日誌であって，その点を意識して書くことが最大のポイントといえるでしょう。

　それとともに，実習日誌は，実習指導の保育者と保育をめぐって「対話する」ための道具であるということを認識してください。あなたは，自分が子どもの活動をどのように捉えたのか，保育者の援助をどのように捉えたのかを意識化し実習日誌に表現することによって，それを読んでいただく実習指導の保育者から専門的な見地にたってその捉え方を批評してもらい，助言してもらうことができます。批評や助言を受ければ，それに対して応答したり質問したりすることになります。このようにして，あなたと実習指導の保育者との間に保育をめぐっての対話の機会を切り開いてくれるのが実習日誌なのです。

Q 51 「考察」の欄にはどのようなことを書けばよいのでしょうか？

A 幼稚園や認定こども園のクラスのできごとは，一見して単純でささいなことのように思えても，実は複雑な関係性の網の目のなかから起こっていることが多いものです。「考察」とは，この幼稚園や認定こども園のクラスで起こっているできごとのある部分に焦点をあて，そのできごとの意味と価値とを丹念に解きほぐし，言語化していくことをさします。それは，保育者の専門性において中核的な位置を占めるものです。

たとえば，あなたがその日の保育において観察したAくんとBくんの砂場遊びを「考察」の対象に選ぶとします。このとき，Aくん・Bくんはこの遊びのどこにおもしろさを感じていたのでしょうか。また，Aくん・Bくんはどのような工夫や配慮をしながら遊びを展開していたでしょうか。さらに，この遊びはAくん・Bくんの発達や学びにとってどのような意味をもっていると考えられるでしょうか。あるいは，遊びが行き詰まり停滞していたとすれば，それは何に起因するものなのでしょうか。「考察」では，以上のようなその日の保育をめぐる根本的な問いをたてて，子どもたちの具体的な活動・態度・表情・発語・テンションをていねいかつ細やかに振り返りながら考えていきます。

いずれにしても，それらは推測の域を出ないことで，断定し得ることではないでしょう。それもそのはずです。幼稚園のクラスのできごとは，一人ひとりの子どもの欲求や活動から生じている場合もあれば，保育者の思考や言動から生じている場合もあります。さらに，クラス内の人間関係から生じている場合もありますし，園外の人々の意識や現代の文化を背景として生じている場合もあります。そして，多くの場合がこれらの複合から生じています。ですから，「考察」では，「こうも捉えられるし，ああも捉えられる」というふうに，様々な角度から省察し多義的に解釈することを心がけてください。そうすることがあなたの実践的見識に幅と奥行きをもたらしてくれるでしょうし，保育という仕事の奥深さをあなたに感じさせてくれることになるでしょう。

Q 52　指導案は何のために書くのでしょうか？

A　幼稚園は子どもと保育者が生活を共にするなかで，子どもの発達を援助していく場です。そのためには，生活のなかで捉えた子どもの姿から，保育者としてどのようなことを大事にして援助していくのか，それを具体的にどのように実践していくのか見通しをたてておくことが必要です。

　保育者は，長期的な見通し（年間指導計画，期案，月案）も頭に置きつつ（Q13参照），日々の保育のために具体的な短期の指導計画（週案，日案）を作成しています（Q14参照）。目の前の子どもたちの姿から，翌週あるいは翌日の姿を予想し，保育者としてどのようなことを願い（ねらい），そのためにはどのような経験をしていくとよいのか（内容）を考え，どのような環境を構成し，援助していくとよいのかについても具体的に考えておくのです。もっとも，この計画は子どもの発達に即した援助をするためのものであって，そのとおりに子どもを動かすためのものではないので，予想した子どもの姿と実際の子どもの姿との間にズレがあれば，そのズレを踏まえて新たに環境を構成し直し，自分の援助の方向性を修正していきます。そして，保育後には子どもの姿や自分の保育について振り返り，反省点を踏まえて，また翌週あるいは翌日からの保育を考え，より子どもの発達に即した援助に近づけていくのです。

　実習のなかでもこのような保育のプロセスを実際に体験するために，日案あるいは部分指導案を書くことになるでしょう。実習園の保育について，また子どもの姿について自分なりに捉えたことをもとに，日案であれば1日，部分指導案であれば1日のある部分のなかでの子どもの姿を予想し，ねらい・内容・環境構成・援助等を具体的に考えて指導案を書き，その指導案をもとに保育を行います。そして，保育後は指導助言を受けながら実際の子どもの姿や自分の保育について振り返っていきます。このプロセスを実際に体験することで，子どもの姿の捉え方や保育者の援助についてより深く学ぶことができます。このような学びは，実践の場だからこそ得られるたいへん貴重なものなのです。

Q 53 参加実習には指導実習（部分実習と責任実習）があると聞きました。それぞれのポイント・注意点を教えてください。

A 　部分実習は，1日の保育のなかの"ある部分を担当する"ということです。たとえば，絵本や紙芝居を読んだり，集合時間の合間に手遊びや歌をしたり，おたより帳を返すこと等を担当します。時間的には5〜30分くらいになるでしょう。実習園あるいは実習生によって，部分実習の回数は異なり，1〜2回の場合もありますし，ほとんど毎日行う場合もあります。

では，「絵本の読み聞かせ」の部分実習を与えられた場合を考えてみましょう。まず手順としては，

①与えられた時間を考える。

②その日のねらいや内容に沿った絵本を選択する。

③実際に子どもたちに絵本を読み聞かせていることをイメージしながら，音読で練習をする。

④導入の方法，声の大きさ，姿勢，どの位置に座るか，どこで立ち止まり発問するか等を工夫する。

⑤評価，反省をする。

部分実習を成功に導くためには，見学や観察実習のとき保育者の絵本の読み方をよく観察することが大切です。最初は保育者の真似をしながら子どもたちの興味をひき，しだいに創意工夫をこらして自分のやり方で行うようにするとよいでしょう。部分実習終了後，選択した絵本が適切だったか，子どもたちにとって興味関心がもてる教材選択だったかどうかを自身で反省，評価を行い，次回の部分実習に役立てるようにしましょう。

部分実習はクラス全体との関わりになりますので，統合能力つまり子どもたちをまとめる力が必要です。子どもたちを集中させるためには，たんに大声を出すだけではなく小さな声であったり，ささやき声であったり，さらに指遊びや手遊び，なぞなぞなども入れながら，子どもの注目を引くようにします。手品を使って大成功した報告もありますのであなたの得意なものを数多く用意しましょう。子どもたちとの距離が縮まるチャンスにもなります。

　子どもの活動は，指導計画に基づいて行われています。部分実習を行う際にもその日の保育のねらいと内容を十分理解し，計画します。週案をよく読み，その週のねらいと内容は何なのか，そしてその日は週のなかでどのような位置づけで保育を行うのかなどの日案についての理解が必要です。

　部分実習が前もって予定されている場合には，指導計画の立案が必要です。そのときは実習指導の保育者の指導や助言を受けながら計画をたてなければなりません。そして，実際に実習を行ったあと，自己評価および反省と同時に，必ず実習指導の保育者の評価を受けましょう。反省と評価を正しく受けとめることは，子ども理解の深まりとなり，また，部分実習の積み重ねによって，保育技術の習得・向上につながっていきます。短い時間内の活動でもていねいにやりましょう。部分実習の積み重ねが自信となり，責任実習へとつながります。積極的に取り組んでください。

　部分実習で「何をやるか」に関しては，実習指導の保育者から課題が指示される場合と実習生自身が得意とする課題を自由に選択する場合があります。自主課題を積極的に引き受けましょう。そのためには実習前に教材準備を十分にしておくと心に余裕が生まれ，自信となります。いつ部分実習を担当しても慌てないように，実習前に作成した教材は，毎日持参しましょう。

　一方，当日になって突然部分実習を担当するように言われる場合もあります。そのときは指導案の提出は求められないと思いますので，面倒くさがらずに引き受けましょう。これも自分の保育技能を高めるよいチャンスです。

　責任実習は，実習指導の保育者に代わり，その日1日，実習生が保育を担当します。具体的には実習生自身がその日1日の指導計画をたて，環境構成を行い，登園から降園までの保育を実践し，その反省・評価まで責任を負います。1日の保育を考えただけでプレッシャーが高まると思いますが，実習指導の保育者の見守るなかで実習を行うので，緊張しすぎず，失敗を恐れずに臨みましょう。いざというときには，実習指導の保育者が助けてくれるはずです。

　多くの場合，責任実習は実習期間の後半部分に行われます。そのころには子どもたちとの信頼関係も築かれており，年長児での実習ならば子どもたちの協力も得られると思います。見学・観察・参加実習の積み重ねを通して，保育者や子どもたちから学んだことを発揮する場，あなた自身のいまの保育技術を発揮する場となります。

　責任実習も部分実習と同様，実習前に指導計画（指導案）をたてます。第一に，いま子どもたちが何に興味をもって活動しているのか，子どもたちのようすや状況を把握します。第二に，担当を任された週のねらい・内容を確認して指導計画をたてます。主活動に関しては，さらに詳しく指導計画をたてるとよいでしょう。つまり，その日の日案と，そのなかの主活動の指導案を計画することになります。合計2つの指導計画をたてることになりますが，そのほうが責任実習を具体的にイメージし，実習に向けての十分な準備につながります。これらの計画は，少なくとも2日前までには実習指導の保育者に提出し，助言を受け，前日には指導計画の再構成を行うようにします。指導計画を再構成したら，その計画に基づいて1日の保育をシミュレーションしてみます。頭のなかで想像してみるだけではなく，子どもたちへの言葉かけや活動の説明など実際に声に出してみましょう。教材・教具の準備は十分か，もう一度確認します。責任実習に向けて，十分すぎるほどの準備が実習を成功に導きます。

　実習当日は計画に基づきながら保育を行いますが，十分に準備をしたと思っていても予想どおりに進まないことがあります。大切なことは計画通りに行う保育ではなく，子どもたちが生き生きと活動することです。子どもたちの活動状況に応じて臨機応変に対応する柔軟な姿勢が必要となります。さらに，当日予定外のことが起こる場合もあります。たとえば園庭での主活動の予定が，雨天になったときなど活動の変更も頭のなかに入れておきましょう。

　実習終了後には，園長先生や保育者との反省会があり，指導・助言を受けます。それぞれの保育者の評価を真摯に受けとめ，あなた自身の反省とあわせながら，今後の学びの課題にしましょう。

　責任実習は，実習生にとって最も大きな難関ともいえますが，一方，自分の力を最大限に発揮するとてもよいチャンスです。ダイナミックな保育の展開を試みる勇気をもって，心に残る教育実習にしましょう。

Q 54　部分実習の題材は，何をヒントにすればよいのですか？

A　実習のなかで，１日のある部分の保育を担当することを「部分実習」といいます（Q53参照）。その内容は様々ですので，事前訪問のときに実習期間のいつごろどのような部分実習をするのかを確認しておき（Q30参照），題材を選んでおく必要がある場合には，子どもの実態にあったものとなるようによく考えて準備しておきましょう。

1．題材選びの参考となるもの

【実習時期の子どもの姿】まず，実習時期の子どもの姿を理解しておきます。たとえば春の６月ごろの実習と秋の10月ごろの実習では，子どもの姿は大きく違います。もちろん，その時期の子どもの姿は年齢によってもちがいがあります。事前訪問の際に実際に子どもの姿を観察したり，実習する時期の園生活について話を聞く機会があると，具体的なイメージをもちやすくなります。

　そのうえで，題材選びの参考となるものに目をとおし，子どもの実態にあうように考えたものをいくつか準備しておきます。実習前に子どもの実態にあった題材を考え準備することはなかなかむずかしいと思いますが，保育者となるための大切な学習です。この準備をしておかなければ，せっかく持っていった題材が実際には取り上げることができなかった，ということにもなりかねません。

【授業で学んだこと】いままでの授業で学んだことを振り返ってみましょう（授業で学んだことのなかから，実習で活用できる遊びや教材等を日ごろからノートにまとめておくとよい）。もっとも，たとえば授業で体験した集団遊びを実習でやってみたいと思っても，学生同士で行う場合と子どもたちと行う場合では同じように進めることはできませんから，具体的によく考え直しておく必要があります。

【保育書や保育雑誌】様々な保育書も参考になりますが，たとえば「３歳児以上と書かれていたから，どの年齢でも大丈夫」いうことはありません。３歳児と５歳児では，それまでの園生活でどのような経験をしてきたかにも大きなち

がいがありますし，3歳児の6月ごろと年度末の2月ごろでは，同じ「3歳児」でもその姿は大きく違います。月刊の保育雑誌も，季節の変化やよく行われる行事等を考慮して，その時期の園生活や教材等が紹介されていて参考になりますが，子どもたちの実態は園によっても違います。いずれの場合も，担当する子どもたちの実態にあうように，具体的に考え直しておくことが必要です。

2．より子どもの実態にあった題材にするために

　実習が始まって部分実習までの間に，以下の点を考慮し，より子どもの実態にあった題材となるように修正していきます。

【興味・関心】子どもたちがどのようなことに興味・関心をもち，どのような遊びをしているか，よく観察して理解します。季節の自然環境等のまわりの環境も子どもの興味・関心に深く影響していますので，よく観察しておきましょう。

【いままでの経験】題材に関連する子どもたちの経験についても，よく理解しておきます。たとえば，製作の場合には，はさみやのり等を使った経験がどのくらいあり，どのような素材を用いた製作をしてきているのか，ゲームなどの集団遊びをする場合には，それまでどのような遊びをしてきており，どのくらいのルールだと無理なく理解できるのか等，観察のなかで，また保育者に教えていただきながら確認しておきましょう。

　子どもたちは一人ひとり違いますから，どれくらい個人差があるのかも把握しておき，個々の子どもへの配慮についてもよく考えておきます。

　限られた期間のなかでの観察で理解できることには限界があります。わからないことは日々の反省会等のなかで保育者に尋ね，教えていただきましょう。

【その週の生活の流れ】週案を見せていただくか，保育者からその週の生活の流れについて教えていただき，題材がその流れにあっているかも確認します。行事等がある場合は，関連した内容が子どもの生活のなかに入ってきますので，よく確認しておくことが必要です。

3．一番の参考となるのは保育者からの指導助言

　以上のことを参考にして，具体的に考えた題材について早めに保育者に相談し，わからないことは積極的に質問して指導助言を受けましょう。子どもたちの実態や生活の流れを一番理解している保育者からの指導助言は，題材を考えるうえで一番の参考となります。指導助言の内容をよく理解し，より子どもの実態にあった題材に修正して部分実習に臨みましょう。

Q 55 責任実習を任せられた場合の題材の考え方, 展開のしかたを教えてください。

A 　実習の中で1日の保育を担当することを「責任実習」といいます（Q53参照）。事前訪問等で実習期間のいつごろにするのか確認し，準備しておきましょう。

【実習時期の子どもの姿】実習時期の子どもの姿について，事前によく理解しておきましょう（Q54参照）。

【その週の生活の流れ】その週の生活の流れについても理解しておきましょう（Q54参照）。特に責任実習の前日や翌日の生活についてはよく押さえておき，責任実習の日に特に配慮すべきことがあれば，具体的に考えておきます。

【1日の生活の流れ】実習が始まって責任実習までの間に，1日の生活の流れ，そこでの子どもの姿や保育者の援助について具体的に把握しておきます。

　生活のなかで毎日行われること（たとえば登園や降園時の身辺整理，朝や帰りの集まり，片付け，食事等）について，そこでの子どもの姿や必要な環境構成や援助を理解しておきます。子どもたちのすきな遊び，友達関係，特に配慮が必要な子どもについても把握し，保育者が子どもの姿にそってどのような環境構成や援助をしているのかも理解しておきます。そして，前日までの子どもの姿から，責任実習の日にはどのような遊びをするのかを予想し，そのために必要な環境構成や援助をそれまでの観察をもとに具体的に考えます。

　1日の生活のなかにクラス等を中心としてなんらかの活動に取り組む時間があり，その題材を自分で考えて準備する場合は，事前に子どもの実態にあった題材をよく考えて選び（Q54参照），その部分についてはより細やかに子どもの姿を予想し，環境構成・援助を考えます。朝や帰りの集まりのなかで絵本や紙芝居，手遊び等をみんなで楽しむ時間がある場合も，子どもの実態やその週の生活の流れにあったものを事前に選び，よく練習しておきます。

　以上のことを踏まえ，その日にどのようなことを願って保育をし（ねらい），子どもの姿にそってどのような環境構成・援助をしていくかを1日の生活の流れのなかで具体的にイメージし，指導案にまとめたうえで責任実習に臨みましょう。

Q 56　日案と部分指導案の書き方のポイントを教えてください。

A　　日案には，子どもの自発的な活動としての遊びへの援助を中心に書く日案と，保育者が子どもたちになんらかの活動を提案し，クラス等で取り組む際の援助を中心に書く日案があります。ここでは，実習生が書くことの多い後者について述べます。部分指導案は，１日のなかの担当する部分について，その前後の生活の流れも踏まえて書きます。養成校で作成した用紙の様式か実習園で指定された様式で書くと思いますので，確認しておきましょう。

　また，各実習園の実情に応じて対応しましょう。

＜日案，部分指導案の書き方のポイント＞（巻末の指導案３　参照）

１．基本事項を記入する。

　実習園名，実習日，実習生氏名，実習指導者名，クラスの構成（年齢，クラス名，人数と男児数と女児数の内訳），保育担当時間を記入します。

２．その週の生活の流れについて理解する。

　保育者に教えていただくか，週案を見せていただくことができれば記録し，「その週の生活の流れのなかでのその日」を考える参考とします。

（例：「週のねらい」　・互いの思いや考えを伝え合いながら，友達と運動会ごっこをすることを楽しむ。・秋の自然に親しみながら，季節の変化を感じる。）

３．子どもの実態をまとめる。

　それまでの実習のなかで把握した子どもの実態をまとめます（子どもの興味・関心，遊び，友達関係，生活への取り組み，クラスで取り組んでいる活動等）。

（例＜一部＞：運動会後も，様々な種目を進行役，準備等も自分たちで行い，楽しんでいる。友達と運動会の思い出を話しながら絵を描いたり，すきな材料を用いた乗り物づくりを楽しむ姿も見られる。）

＊２，３の欄が用紙にない場合も，欄を設けるか別の用紙にまとめておきます。

４．「ねらい」・「内容」を考えて記入する。

　子どもの実態とその週の生活の流れをもとに，その日に保育者として子どもたちに願うことを「ねらい」，「ねらい」を達成するために経験してほしいこと

を「内容」として記入します。いずれも，子どもの立場から書きます（子ども
が主語となる表現にする）。子どもたちに提案する活動以外の面で取り上げた
いことも記入しますが，あまり多くならないようにします。部分指導案で子ど
もたちに提案する活動について書く場合も，これらのことに配慮します。

5．1日の生活の流れと時間配分を考えて記入する。

　それまでの観察をもとに記入します。週の始まり・終わりの場合や行事があ
る場合，日ごろの生活の流れと違うことがあるので，事前に確認しておきます。
＊部分指導案は，担当部分の生活の流れと時間配分について，前後の生活の流
れとのつながりも踏まえて記入します。

6．環境構成を考えて記入する。

　「ねらい」・「内容」を踏まえ，必要と考える環境構成を記入します。いつ，
どのような道具や用具，材料等をどのくらい，どこに用意するのか等，生活の
流れのなかで予想される子どもの姿にそって具体的に記入します。

　毎日の生活のなかで基本的に構成しておく環境については，それまでの観察
をもとに記入します。前日の遊びのようすから新たに考える環境構成や，その
日子どもたちに提案する活動のための環境構成については，特によく考えて記
入します（遊戯室，園庭などの共有スペースを使用する場合，確実に使用でき
るのか。必要な遊具，道具等を実習園で借りることができるのか。屋外の遊び
を考えた場合，雨天にはどうするのか。必要な材料・道具等の具体的な数量等）。

　環境を大きく構成し直す場面は，図示するとわかりやすくなります。

7．予想される子どもの姿を記入する。

　前日までの姿をもとに，毎日すること（身辺整理，集まり，片付け，食事
等）のなかでの子どもの姿を予想し，遊びについても，前日までの観察をもと
に，その日も引き続き取り組むと考えられる遊びや新たな展開が生まれる可能
性がある遊びを予想して記入します。子どもたちに提案する活動については，
そのなかで子どもがどのような姿を見せるのか，子どもの実態を踏まえて特に
細やかに予想して記入します。

8．保育者の援助や留意点を考えて記入する。

　予想される子どもの姿にそって，どのような援助をするのか，留意しておく
ことは何かを具体的に考えて記入します。その日に新たに取り組むことや子ど
もたちに提案する活動については，より細やかに記入します。

Q57 手遊びの指導方法を教えてください。

A 　手遊びは「いつでも」「どこでも」「何人でも」「簡単に」できるたいへん優れた表現活動です。メロディーとリズムに合わせて振り付けられた曲を歌うという観点から見れば，子どもたちにとって一番身近な音楽表現でしょう。振り付けが大きくダイナミックになれば運動量も増して体操に通じる身体表現にもなります。自分の言葉で自由に歌詞を変えていくことができる手遊びは，言葉の表現を楽しむこともできます。言うまでもなく指先を動かすことは子どもの発達に欠かせない貴重な経験です。さらにくり返し楽しむことで，数字を順に数えられるようになったり，じゃんけんのルールが身に付いたりするのですから日常保育の中で毎日経験したい遊びです。たくさん覚えて，実習でも積極的に取り入れてみましょう。

1．手遊びは実習生の強い味方になります

　手遊びは歌詞の内容や構成によっていくつかの種類に分類されますが，保育の中では次の活動へ移る前に「きっかけ」として使用されているケースが多いようです。「はじまるよ」「ひげじいさん」など歌詞の終わりに「手はおひざ」と歌われている場合は特にその傾向が強いと思います。確かに子どもたちは静かになって保育者の話を集中して聞くことができますが，そのことが手遊びの目的にならないように注意しましょう。手遊びは子どもたちが大好きな「楽しい」遊びなのです。しかし，手遊びは子どもに接することに慣れていない実習生にとってたいへん強い味方となります。活動と活動の合間の気分転換に，絵本の読み聞かせの前に，部分実習の導入に，少しだけ時間が余ってしまったときにと幅広く活用することができるでしょう。できるだけ多くの手遊びを覚えて実習に臨みましょう。

2．手遊びは年齢によって工夫しましょう

　手遊びは内容によっては「適した年齢」があります。ストーリー性が強くて長いものは，やはり幼児向けでしょう。しかしまだ指を正確に動かせない，会話も十分にできない乳児が大好きな保育者の歌に合わせて一生懸命に体を揺ら

す姿に出会うと言葉や音楽を超えたコミュニケーションだと感じます。優しい声でゆったりと語りかけるように演じてください。くり返し経験することでやがて「1・2・3」と指の形ができるようになり，「ぐー・ちょき・ぱー」を理解していくのです。とはいえ，年齢が高くなれば満足度も違います。4歳児や5歳児にはひと工夫を加えましょう。たとえば速度を変えたり，部分的に声を消してみたり，順序を入れ替えて歌うのもおもしろいでしょう。よく知っている手遊びに子どもたちと一緒に新たな作詞や振り付けを考えてオリジナルをつくるのも楽しいです。

3．準備を十分にして子どもの前に立ちましょう

実習では必ずしも新しい手遊びをしなくても構いませんが，せっかくですから子どもたちの知らない手遊びを紹介してみてください。そのときは，子どもたちの見本となるように，はっきりとした声で歌い大きな動きで振り付けの指導をしましょう。堂々と自信を持って子どもたちの前に立つために，十分な準備をして完璧に覚えておくことが大切です。

手遊びの中には，季節を感じるものがあります。「ちっちゃないちご」は春，「魚がはねて」は夏「まつぼっくり」や「どんぐりころころ」は秋の手遊びでしょう。保育の現場では子どもたちの環境として季節感をとても大切にしています。絶対ではありませんが，実習の時期に合わせた手遊びを選択することも必要でしょう。

4．覚えた歌詞や振り付けが違うときは臨機応変に対応を

最後に，「手遊び」は全国共通ではないことを知っておいてください。出版されている本によって違う場合もありますが，それぞれの幼稚園バージョンが生まれています。歌詞や振り付けが違うだけでなく，メロディーも微妙に違ったりします。それは先輩の保育者から受け継がれていくなかでの変化です。ただ学生の皆さんは，実習準備の段階では聞き覚えではなく出版された本に載っているとおりに歌と振り付けを覚えていくことをお勧めします。その上で，実習先の子どもたちに合わせて臨機応変な対応を心がけましょう。

Q 58 子どもとの関わりで活用できる遊びを教えてください。

A 　学生にとって実習は緊張するものですが，子どもたちも同じです。積極的に関わってくる子どもの横でじっとタイミングを待っている子どもには，そばに寄り添いながら関係づくりをしていきたいです。そんなときにそっとポケットの中から出して活用してほしい遊びを紹介します。

1．おりがみ

　おりがみは1枚の紙がいろいろな形に変化し，簡単に作品をつくり出すことができる日本独特の文化です。子どもたちも大好きな遊びですが，まずは実習生のつくった完成作品を見せて興味をもたせましょう。できればカメラ・ぱくぱく・紙鉄砲・手裏剣などのようにつくったもので遊べるとより楽しめるでしょう。リボン・ネクタイ・時計・ハートのブレスレットのように身に付けるタイプも喜びます。折り方をできるだけ多くマスターして，子どもと一緒に楽しみましょう。

2．あやとりおよびお手玉

　糸の塊が指先で魔法のように変化するあやとりも，きれいな布でつくられたお手玉も昔からある伝承遊びです。ポケットの中に入れておける手軽さもあり，いつでも子どもたちと遊ぶことができます。核家族や共働き世帯が増えてきている今，家庭で経験する機会の少ない伝承遊びを，ぜひ保育現場で取り入れてください。最初はダイヤモンドの基本形だけでも十分です。お手玉も1つを投げてつかんだり手の甲に載せてみるだけで楽しめます。

3．指人形

　人形を使ってワンクッション置いた会話は子どもたちの警戒心を取り除き親しみやすくなります。エプロンのポケットから小さな指人形を出して，語りかけてみましょう。エプロンシアターや手袋シアターの人形も活用できそうです。また，胸に付けた手づくり名札も子どもとの距離を縮める環境となるでしょう。大いに利用してお話をすることから関係をつくりましょう。

簡単で楽しめるゲーム遊びとその指導のポイントを教えてください。

1．しっぽとり（3歳児～5歳児）

1人1本ずつズボンなどの後ろにしっぽ（すずらんテープなどで三つ編みにしておく）をはさんでつける。合図で一斉に逃げ，同時に友達のしっぽもとりにいく。最後までしっぽをとられなかった子，またはとったしっぽの数が多い子どもが勝ち。

【指導のポイント】

・年齢や経験によりルールを変化させて楽しむとよい。

・しっぽを余分に準備してとられても新しいしっぽをつけてゲームに参加する

・鬼役は保育者がなり，子どもは全員逃げる⇒チームに分かれて役割を分担。

2．じゃんけんリレー（5歳児）

2チームに分かれて2列に並ぶ。チームに1人じゃんけん係を決め，相手のチームの前に立つ。「よーいスタート」で先頭の人がじゃんけん係まで走っていきじゃんけんをする。勝ったら走ってもどり次の人にタッチしてくり返す。負けたら「負けた」とチームに知らせ，チーム全員で走ってじゃんけん係をまわる。これをくり返しアンカーがゴールしたら勝ち。

【指導のポイント】

・じゃんけんで負けたらチームの友達に大声で知らせる。

・足でじゃんけんすると遠くからでも勝敗がわかりやすい。

3．ゴロピカドンゲーム（3歳児～5歳児）

みんなで円になって座る。1人鬼（カミナリ役）を決め，鬼は円の中心に座る。ボールを1個準備し，鬼が目かくしをして「ゴロゴロ……」と言えば隣に順にボールを渡していく。鬼が「ピカピカ……」と言えば反対まわりにボールを渡していく。鬼が「ドン！」と言った時にボールを持っていた子が負け（次のカミナリ役になる）

【指導のポイント】

・年齢によってルールを増やす（「バリバリ」で誰かにボールを転がすなど）。

Q 60　絵本や紙芝居を読み聞かせるときの注意点を教えてください。

A 　最も大切なことは自分が好きな絵本のリストを持つことです。絵本に対する自分の好みを知るためには，多くの絵本を読まなければなりません。かといって，良質な絵本には深遠な内容が詰め込まれているので，一晩で何冊も読めるものではありません。また同じ絵本でも，自分の心の状態で味わいが異なります。自分が落ち込んでいるときに読んでこそ，その絵本のすばらしさを理解できるときもあります。毎晩一冊ずつ読み続ける小さな積み重ねが一番大きな力になります。読んだあとに感想文や推薦文を書いてみるのもよいですね。自分の好きな絵本は親しい人に教えてあげたくなるものです。話題にもしたくなります。しだいにどんな絵本がどの年齢に，どんなときにふさわしいかがわかってきます。絵本のよさをわかることも，発声や持ち方など技術の向上も，経験を通してしか培うことができません。先輩のアドバイスを受けることも大切です。最初はものまねでもよいので，じょうずな保育者をお手本にしていけばよいのです。徐々に自分らしさが加わればあなた自身の魅力となります。

　子どもはよく絵本読みのリクエストをします。その子なりに大好きな絵本があるからです。その気にいった絵本のなかでも特に気に入った場面があるのです。あなた自身もそれがどこなのか気付くことです。そして子どもと関わることで自分の好きな絵本も増えていきます。そのような絵本をたくさん持つことで，素敵な保育者になります。自分が大好きな絵本なら深く考えなくても保育に生かすことができ，また子どもたちに読んであげたり内容を話したくなります。子どもに読んであげるときは，わかりやすく読むことです。あらかじめ読み返し，日本語として不自然なところで切らないように読みましょう。自分の心の声にも耳を傾けながら読みましょう。幼稚園や保育園は保育者も子どもも思いのほか忙しいので，できることなら絵本を読み始めたら最後まで続けて読んであげられる時間帯と静かなよい環境で読みましょう。こんな誰でも知っていて誰でもできることを確実に実行することが一番むずかしいのです。居心地

のよい空間作り，環境設定から，絵本や紙芝居を読むことは始まっています。

　次に，内容は子どもの発達や興味に沿って選択しますが，子どもたちの反応をヒントに進めていくことが大切です。絵本の読み聞かせは，子ども自身が多くの言葉を知り，言葉を理解するという意味で重要だからです。語彙は思考を積み上げていくための手がかりとしての意味をもつものです。興味をもった絵本の言葉にふれ，実際に使ってみるという体験を通して，言葉の TPO にあった使い方やおもしろさ，言葉から受ける感覚を通して考える力を体得していきます。子どもたちは，絵本のおもしろい場面は伝えたくなり，その世界を共有したいという思いに導かれます。その思いを伝えることが，十分な自己表現や，人間同士の関わり，相手の話を聞く姿勢につながるので，自分で発見する（見る力，聞く力，見抜く力，考える力），感動する（感じる力），伝える（表現する力）能力を育てるのです。こうして，言葉が育つことにより仲間が育つのです。絵本の読み聞かせから，子どもたちは，豊かな人間関係のなかで話す，話し言葉で伝える，理解してもらう喜びを知るという行動を経て，やがて自分で読んで理解し，思考する，書いて伝えることができるようになっていくのです。この発達につながる橋渡しの重要な役目を保育者は担っているという長期的な見通しを踏まえておくことが大切です。

　また，子どもは好きな人（保護者や保育者）に読んでもらいたいのです。声の温かさや安心感，信頼関係を築くことが根底にあることを大切にしてください。

Q61 壁面装飾はどう考えたらよいのですか？

A 　子どもたちが，その場にいて心地よい，安らげる空間をつくることが目的です。そのためには，子どもたちがどのような気持ちで園生活をしているかをしっかり知ることです。その時どきの子どもの心をつかみ，どのような環境構成が一番心地よいか考えましょう。子どもへの教育の思いや愛情が伝わるようにしたいものです。子どもたちの環境に関する感性はすばらしいものがあります。特に壁面装飾の変化には敏感です。その環境によって感覚が磨かれます。美しいものを美しいと感じる心を育てること，想像力や創造力を喚起することができる環境をつくりたいものです。子ども自身の作品をじょうずに飾ることは子どもたちの心の成長や創造的な活動にもつながります。そのためには，保育者自身の感性を磨くことが大切です。

　具体的には，題材，構図，配色などには十分時間をとることです。人工的な美しさに偏りがちですから，既成概念にとらわれることなく，自然の素材なども取り入れるなどして，温かみのある環境，生活に根ざしたものにしたいものです。もちろん，園が年間を通して計画している行事や活動，方針にそった内容であることが大切です。園生活のすべての環境づくりと連動していくことが基本です。園や，保育者とコミュニケーションをとって進めていきましょう。保育者だけでつくるのではなく園生活のなかでつくった製作物を掲示したり，子どもたち自身が興味や関心を持続できる遊びができるものを取り入れたり，園児参加型の装飾もおもしろいでしょう。自分一人で悩まず，個性が違う保育者同士で協力していくことも大切です。保育者集団は協力なくしては成り立ちません。保育者同士のそのような姿も子どもたちに感じてもらうことができたらすばらしいですね。そして，その心地よい環境構成が，心の安定をもたらし，子どもたちと保育者が信頼関係を築くための大きな役目をするのです。雑誌などを参考にする場合も，自分なりのアイデアを加えるとよいでしょう。

Q61-図1　壁面装飾『サーカス』
園児参加型の装飾例。子ども一人ひとりが思い思いのイメージを
ふくらませ，たくさんのアイデアを出し合いながらひとつのもの
をみんなでつくりあげる大切さを学べる。

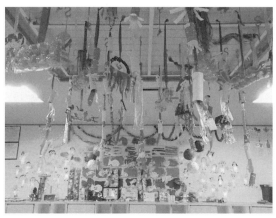

Q61-図2　壁面装飾『水族館』
遠足で行った海を思い出し，そのときの服装やさわった生き物な
どの話をしながら，三段階にわたってたくさんの海の生き物をみ
んなで考え，水族館の世界観をつくりあげた例。

Q 62 園で活用するために常に持っておきたいもの，用意しておけば助かる教材があれば教えてください。

A 　一番大切なのは，報告，連絡，相談のためのポケットに入る大きさのメモ帳と安全キャップがついた小さな筆記用具です。1日の流れ，実習指導の保育者への質問や相談，自分自身で気が付いたこと，反省点，学んだこと，次にすること，子どもの変化，けが，子ども同士のトラブル，子どもの報告（時間，場所，友達，状況など）や，子どもならではのすばらしい言葉や発想など，実習中には記録しておかなければならないことは山のようにあります。特に忘れてはならないのは，子どもからのけがに関することや子ども同士のトラブルについての報告です。必ずメモして，自分が把握しているだけでなく，正確に保育者へ報告しなければなりません。なぜなら，子どもには実習生も保育者なのです。実習生のほんのささいな行動を保護者に「先生に言ったのに何もしてくれなかった」と表現することもあります。事情のわからない保護者は，園や保育者に事情を聞くわけですが，小さな不安が誤解となり，保育者ひいては園への信頼までなくしてしまうということがあるのです。あとで保育者というのは実習生のことということがわかっても，いったんおきた不信感をはらうことは容易なことではないのです。しかし恐れずに真剣に全力で実習に取り組み，細心の注意をはらっていくことが大切です。だれでも最初は未熟です。このメモは，のちに実習日誌を書くときにもたいへん役に立ちます。そして，最終的に自分が勤務し始め，毎日の保育に取り組んでいくとき，この日誌が生きた教科書として，また自分の成長記録として財産になるのです。したがって実習生はメモすることを厭わないでほしいものです。でも常に自分のまわりには子どもがいます。やるべきこともたくさんあります。優先順位をまちがえないで行動することも大切です。メモをとるあまり，子どもとのふれ合いをないがしろにするということは本末転倒です。そのために簡潔にすばやくメモを書くことも覚えておきましょう。自分が報告を忘れたために，せっかく実習を引き受けて下さった園や保育者，保護者，最終的にはそのことで子どもの成長に影響がでるような迷惑をかけるようなことがないように十分留意したいものです。

　次に準備しておくとよい教材ですが，幼稚園や保育所，認定こども園で使われている毎日の歌，季節の歌，その前の発表会などで使用した歌の楽譜などは，すべて歌えて演奏できるようになっていると理想的です。

　次に子どもたちの前で少し困ったときや自由時間に手助けになるものです。指人形，パペット，小さな楽器（カスタネット，オカリナ，ハーモニカ，ウクレレなど），手品のネタ，どんぐり，貝殻，ビー玉，こま，おはじき，竹とんぼ，紙飛行機，落下傘，風船，紙風船，折り紙，あやとりの毛糸，お手玉など，これらは用意しておけば何かと役に立ちます。最近は泥をこねて丸くし，乾いた土をふりかけ，さらにその球を磨いて光る面ができるまでに仕上げてつくる光る泥団子も子どもにとって宝物のひとつです。でも，このようにものを介在させる場合は，使用頻度と使い方も重要です。もちろん子どもはくり返しが好きですから何度でもせがまれることはありますが，子どもにとっての宝物は，ここぞというときだけに使いましょう。次に子どもの興味をひきつけられるか，パニックの原因になるかは見せ方しだいです。基本的には家で十分な練習をすることと，初めてのときは無理せず，少人数のときにそっと取り出し，地道に経験を積んでいけば大丈夫です。

　保育は瞬間です。あとでするつもり，ではもう遅いときがあるのです。子どもの瞬間を捉えて保育をするには，道具を取りにいって，さあ始めようと準備する時間がないときもあります。そういう意味では，いつでもポケットに入れておくことができるハンカチはすぐれものです。ハンカチでは様々なものがつくれます。さっと取り出してつくって見せる，この瞬間の保育が一番大切なのです。ハンカチでつくれるもの，ハンカチ遊びなどレパートリーを広げておくとよいでしょう。また何も教材を準備しなくてよいという意味においては，手遊び，言葉遊び，ゲーム，鬼ごっこ，体操のリストなど実習が始まる前にまとめておくこともよいですね。

　いつでも，どこでも，何もなくても遊びをつくり出していけるようになっておくことが何よりの準備です。あらゆる分野にアンテナを張り，何にでも興味・関心をもって，自分自身が，何でもでてくる玉手箱のような素敵な教材になっていくことがとても大切です。緊急事態を他の保育者や園児に知らせる笛（ホイッスル）も持っておきたいものです。

Q63 保育教材は園のものを使わせてもらってよいのでしょうか？

A 　　園側がどのように捉えてくれるかによって違うので，各園の考えにしたがって準備を進めることになります。まずは実習指導の保育者，内容によっては，主任や園長先生へ相談しましょう。園にある教材をそのまま使用させてもらう場合は，使用目的，方法，日時，返却方法，破損した場合の処置などを文章にして提出しましょう。終了後は検品し，破損がないか十分に点検のうえ，お礼の手紙や手づくりのカード等を添えて速やかに返却しましょう。実習の機会にコピー機や印刷機も借りることが可能ならば，使い方を知っておくと保育者になってから役に立ちます。しかし，教えていただく時間はないので，印刷をしている保育者の助手をしながら，少しずつタイミングを見て質問しながら覚えましょう。パソコンやプロジェクターのように小さな機械でありながら，高価なものもありますので，扱いには十分注意が必要です。

　材料を使って新たに作成する場合，もしくは新たな購入が必要な場合は費用も発生しますので，事前に綿密な相談が必要です。代用品はないかなどくふうし，検討を十分にしましょう。手づくりのものしか使用しないなどの，その園独自の考え方があるので，自分の所属する養成校で借りてきてもよいかなども尋ねましょう。

　幼稚園は小さなコミュニティ社会です。そこで大切なことは人間関係をいかに築き上げるかです。人間関係においてはコミュニケーションが最も重要なことです。どんなにすばらしいものをつくり上げても，どんなによいアイデアであっても，いつ，どこで，どのように，どうやって，なぜ必要であるのかが園に事前に伝わらなければ，協力を得ることはむずかしいでしょう。実習という形で参加する側と指導する側の保育者では捉え方のちがいもありますから，そのためにも十分な保育案を作成したうえでお願いをしましょう。

Q64 造形遊びで簡単にでき，子どもが楽しめるものは？

A 　造形遊びは子どもがもっている「表現したい」という欲求を満たし，主体的な造形体験を促進させることに意味があります。また，造形遊びの魅力は全身的な活動であったり，情緒の安定につながる活動であったり，社会性の獲得につながる活動であることです。それらのことを十分に理解して「子ども同士」あるいは「子どもたちと保育者」のつながりのなかで造形遊びの保育実践をすることが保育者の重要な役割なのです。たんに色や形だけにこだわり，大人の美意識のみを求めては，子どもが心から楽しめる場を奪うことにつながりかねません。だからといって，子どもにわかりやすい理解しやすいものがよいものだともいえません。

　造形遊びには《遊びのなかで造形するもの》と《造形するなかで遊ぶもの》があります。「簡単で教えやすく子どもが楽しめるもの」として，《造形するなかで遊ぶもの》である「カルダー遊び」を紹介します。これは大人の美術そのものの，一番おもしろいところを造形遊びに活用するものです。

　カルダーとはアレキサンダー・カルダー（Alexander Calder/1898-1976）のことです。彼は針金による彫刻，動くモビールなどにより，現代彫刻の概念を大きく変え，新しい領域をつくり出したアメリカのアーティストです。カルダーの製作の原点は子どものような遊び心でした。

　おもちゃデザイナーの加藤裕三は「カルダー遊び～針金でらくがき」を提案しました。それをもとにして，愛知県児童総合センターがさらに開発を進め，様々な体験・製作プログラムの内容から構成される「カルダー遊び」を具体化しました。そのなかで，就学前教育において造形遊びとして簡単にできて，子どもが楽しめるものとして，「アクロバット・アニマルズ」と「鼻マスク（カルダーマスク）」という体験・製作プログラムがあります。その内容を保育実践で使えるようにまとめておきます。

事例1 「アクロバット・アニマルズ」

【準備物】

新聞紙，色画用紙，セロハンテープ，のり，S字のフック（カーテンの金具など），糸（たこ糸・釣りに使う糸・洗濯物を干すロープなど）

【目　的】

①自由にいろいろな形のおもしろい生き物をつくることを楽しむこと。

②つくったものを使って，大きな動きを楽しむ遊びに発展させること。

【流　れ】

①新聞紙を丸めてクシャクシャにしてから，破ったり，ねじったりして，生き物（空想のものでもよい）に見立てます。

②セロハンテープでとめて形をつくり，色画用紙で飾りつけをして完成させます。最後にS字のフックをセロハンテープでつけます。

③階段などを利用して斜めに張った糸に，S字のフックをひっかけて，つくったものをサーカスのように滑らせて遊びます。

事例2 「鼻マスク（カルダーマスク）」

【準備物】

色画用紙（約5cm×8cm），たこ糸（約40cm），折り紙や色画用紙などの端材，マーカー，はさみ，のり，紙用穴あけパンチ，「鼻ゲージ」（鼻の頭がでる穴の大きさを決めるための型紙・保育者の手づくり）

【目　的】

①小さな色画用紙を使って，最小限の変身グッズづくりを楽しむこと。

②変身することでいつもと違った自分を感じる遊びに発展させること。

【流　れ】

①色画用紙を半分に折り，「鼻ゲージ」をあてて，中心に鼻の頭がでる穴をはさみで切り取ってつくります。

②紙の端材を使って飾りつけをし，マーカーで模様を描きます。

③画用紙の両側にパンチで穴をあけ，たこ糸を通して結び耳にかけられるようにします。そして，つくったもので変身して遊びます。

Q 65 造形が苦手で，不器用でアイデアも浮かばず，絵も描けません。実習中に，何かつくって，といわれたらどうすればよいのでしょうか？

A 　「絵がへた」だと思い込んでいるのではないでしょうか。「絵がへた」という理由は「見たとおりに描けない」とか「本物と同じ色にならない」ということでしょう。本来，絵を「うまい」「へた」で区別してはならないのです。絵に「うまい」「へた」はないのですが，「よい絵」「わるい絵」はあります。自分でがんばれたならば，それは「よい絵」です。ただ，完成しただけで，自分の心のなかから伝わってくるものがなければ，それは「わるい絵」です。

　他の人からどのように見られても気にすることはないのです。「絵がへた」と決めたのは自分なのです。ほかの人の絵と自分の絵を比べて意識し，自分の隠れた力に気付かず意欲をもてないのでしょう。絵を描くことに抵抗をもたないようにするためには，絵を描いたり造形したりする楽しさを日ごろから数多く味わい，自信をつけることが大切です。

　世界的なアーティストである岡本太郎は「芸術の三原則」を以下のようにまとめています。

　1．芸術は「きれい」であってはいけない。

　2．芸術は「うまく」あってはいけない。

　3．芸術は「心地よく」あってはいけない。

　1つめにある「きれい」は「美しい」の正反対の意味です。つまり，めざすべき「美しさ」は，おどろおどろしい「なんだこれは！」というものだとしています。また，2つめにある「うまく」は手先の技術であり，精神性の低下につながるとしています。さらに，3つめにある「心地よく」は惰性的であり，めざすべきは引きつけられるもの・燃えたぎるもので，闘うことと興奮が重要だとしています。これらの意味することを参考にして，がんばってください。

　どうしてもできない場合は，絵を描くより簡単で，手先の技術が問われない，コラージュ（平面に他の紙片などを貼りつける技法）やフォトモンタージュ（複数の写真で意外性のある画面をつくる技法）を使うとよいでしょう。

Q 66 製作をするときの指導の順序を教えてください。

A 　製作をするときの指導の順序は内容の難易度によって変化します。難易度の高いものの場合は，少しずつ説明していくのがよいでしょう。そうでない場合は，つくらせたい作品に対してもっているイメージの方向性によって2つの方法が考えられます。

　1つは，イメージが限られた方向性をもっているならば，少しずつ説明していくのがよいでしょう。ただし，子どもの創造性を限定することにならないように注意する必要があります。

　もう1つは，イメージが多様な方向性をもっているならば，説明をさきにしてから子どもに材料を配るのがよいでしょう。イメージがはっきりしていないと指導そのものが崩壊する危険性があります。いくつかの方向性をあらかじめ想定しておくとよいでしょう。

　指導の順序も大切ですが，子どもの製作プロセスをいかに充実させるかということに留意する必要があります。子どもが製作する望ましいプロセスは，自然発生的に自発的に始まります（自主）。そうすると，子どもは造形活動そのものに集中し（集中），時間のたつのも忘れます（継続）。そして，子どもは造形活動が終われば楽しかった，よかったと思い（成就），また次の造形活動をしたいと強く感じるのです。つまり，保育者の大切な役割は，自主，集中，継続，成就と続く子どもの製作プロセスのなかで，子どもの表現の可能性を引き出すことなのです。

　完成した作品の結果のみにとらわれてはいけないのです。造形行為そのものを子どもが集中して楽しむことができるようにすることが重要なのです。そのためには，子どもが自分の気持ちや考えで安心して活動をできるように保障するべく，物的環境と人的環境を保育者が整えなければならないのです。なお，適切な助言は，愛情を込めて，子どもの心をよく知って，一人ひとりに，具体的に，よさを見つけて，ねぎらいの気持ちでするようにしてください。

Q 67　年齢に応じた造形活動とはどのようなものですか？

A 　就学前における子どもの造形的発達の研究には，描画活動に焦点をあわせたものが多くあります。そのなかでも三上利秋（1992）による発達段階は，日本の保育現場で最も参考になるもののひとつだと思われます。その理由は，それが描画活動を含む広範囲の造形活動をターゲットにしているからです。彼は錯画期（9か月〜2歳6か月ごろ），象徴期（2歳〜3歳6か月ごろ），前図式期（3歳6か月〜4歳6か月ごろ），図式期（5歳〜7歳ごろ）という4つの段階を示しています。年齢で重複しているところや空白のところは発達の移行期として配慮すべき時期になっています。

　年齢に応じた造形活動とはどのようなものかを考えるとき，大切なことは子どもの年齢にあわせようと，無理な指導をしないということです。造形的発達は基本的に同じ道筋をたどりますが個人差があります。個人差は保護者や保育者のはたらきかけの方法，子ども自身の学習意欲の有無などで生じます。その幅をしっかり捉えることが重要なのです。三上の考えを尊重し，造形的発達の段階に応じた道具の使い方に関係する内容をまとめると以下のようになります。

【錯画期】　子どものそばでものをつくり，造形活動への関心を誘ったり，安全な日常品や玩具などを与えたりするとよいでしょう。

【象徴期】　保育者やきょうだいの影響で，はさみやのりなどを使う模倣が始まります。正しい使い方を教えながら手伝わせてみましょう。

【前図式期】　様々な素材や道具などに興味をもつようになります。はさみやホッチキスや金づちなどが使えるようになり，意図したものをつくろうとするようになります。子どもの主体性を尊重し手伝ってあげましょう。

【図式期】　道具を使って，ある程度の計画性をもちながらつくれるようになります。この時期から大規模な共同製作もできるようになります。発見・発明の場を尊重し，目的をもってつくれるようにしてください。のこぎりやナイフや金づちなどの正しい使い方を教えるのもこの時期です。

Q 68 行事のとき，何かしてほしいといわれました。どうすればよいですか？

A 子どもたちにとって，そして保育者にどのような行動が喜ばれるかをまず考えてみましょう。そのためには行事の意義，カリキュラム上の位置づけ，内容，行事にいたるまでの過程について十分に理解し行事の意図を把握する必要があります。園長，主任をはじめ実習指導の保育者に教えてもらうか，カリキュラムを見せてもらって勉強し，本当に必要なことが何なのか目標を明確にしてから取り組みましょう。目標が定まったら次は具体的な方法です。実際に何をどのようにするのか，具体的な指示を仰ぎ，時間，場所，設定などできるだけくわしく計画しましょう。何をしてもよいと言われたのならば，園児がいま一番興味をもっていることで楽しめること，職員は本当はこんなことがしたいのだけれど，なかなかできないということを質問し，ヒントにするのがよいでしょう。実習生の力量としてできること，行事をどうかするかということではなく，一人ひとりの子どもたちが行事に関わっていくうえで励ましになること，達成感を満たすことへの手助けになることを考えましょう。そして，実習生自身も応援しているという思いが伝わることも大切です。保育者が行事に向かっていくときに，こんな手助けがあったらと願うことを相手の立場で考えてみましょう。

具体的にはエプロンシアター，ペープサート，パネルシアター，寸劇，人形劇，オペレッタ，劇紙芝居など園児に見せるもの，「じゅげむ」など言葉遊び，手遊びなど子どもといっしょにするもの，発表会などの前に園児一人ひとりに応援の言葉を書いたカードをつくる，作品展前なら，写真をとって記念のカードにするなど，行事を心の面から支援する方法などもあります。保育者の手助けになることなら，材料を入れるボックスをつくるなど，保育がスムーズに運ぶように気配りをすることを考えてみることもよいですね。実習生がいてよかった，助かったと思ってもらえることを進んでしましょう。その基本は掃除を徹底してすること，それだけでも十分に手助けとなります。

Q 69 運動会のシーズンの実習で何をしたらよいか教えてください。

A 　運動会は幼稚園や保育所，認定こども園において大きな年間行事の中のひとつです。運動会は，その日だけ特別なことをするのではなく，日々の遊びから発展したことや保育の中で取り組んだ成果を家族や友達に見てもらったり一緒に楽しんだりするものです。その内容や方法，取り組み方は，各園で異なります。

　運動会への参加者は，園児だけでなく，その保護者やきょうだい，地域の方，未就園児まで及びます。保育者は，全体に目を配り，プログラムが滞らないように気を付けながら，子どもを励ましたり応援を促したり，休憩や水分補給，排泄など子どもの身の回りにも気を配ります。

　運動会ですので，実習生は動きやすい服装であること，靴はすぐに履けるもの，髪型は邪魔にならないように束ねるなどをまずは確認しましょう。そして，出番のどれくらい前に門のところで待機するのか，けがをした場合の対処，使うトイレや手洗い場，授乳室などを事前に確認しておくことも必要です。そして，忘れてはいけないのは，勝手に判断するのではなく，保育者との報・連・相（報告・連絡・相談）を必ず行うことです。たとえば，実習生が自己判断でトイレに付き添った子どもの出番が迫り，保育者が探し回るということもあります。運動会では普段以上の人が参加しますから，探すことはたいへんなことです。ここで一言伝えておくだけでこのような入れ違いは起きません。

　事前に衣装の着脱や用具の片付け，鼓笛隊の楽器を渡す手伝いなど，実習生ができることを教えていただき，当日尋ねるのではなく，前日までに気を付ける点や場所など確認しておきましょう。そして，プログラムと照らし合わせながら自分の動きをイメージしておくことが大切です。また，個別の練習や総練習のときに疑問に思ったことは，必ず確認してください。

　行事に参加させていただくことは，実習生にとっても貴重な経験となります。子どもたちを励まし，喜びやうれしさに共感し，緊張するかもしれませんが実習生自身が大いに楽しんで取り組むことを期待します。

Q 70　保育ができるか不安です。保育者らしくやれるでしょうか？

A　あなたは「保育者」に対しどのような姿を思い描きますか。子どもの手本となることや，子どもに指導することだけが「保育者」ではありません。では，子どもにとって「保育者」とはどのような存在でしょうか。

保育者の顔を見たり声を聞いたりするだけで安心できたり，一緒にいると心地がよかったり，いつも楽しい話をしたり遊んでくれる存在，つまり子どもの愛着の対象となることがまずは大切です。子どもは安心できる相手に全身で思いを表現しますし，まねをしようとしますし，話を聞こうとします。

そのような関係性を築くには，子どもの発達を理解し，子どもの気持ちを受け止め，いま何をしようとしているのか，何を必要としているのか，関わったり見守ったりする中で客観的に捉えることが必要です。実習で日誌を書くことは，振り返る機会をつくり，実習期間を継続的に省察するという目的でもあります。

また，実習生は「保育者」として子どもと関わりますが，保育者と同じようにすることが必要なのではありません。実習先の保育者と子どもたちは，すでに信頼関係が築かれた状態にあります。しかし，実習生はそうではありません。同じことを伝えたとしても，子どもの受け取り方は異なるでしょう。時々実習の反省で「叱り方がわかりませんでした」という感想があがりますが，実習生は叱るというよりも，危ないことやいけないことを伝えるようにしたり，嫌な気持ちになったことを伝えたりするほうが，子どもは聞きやすいものです。このように，実習生は保育者らしさをめざしますが，実習生らしさも必要なのです。

実習期間中は，保育者らしさを身に付けることにとらわれず，子どもたちと元気に遊び，たくさん話し，保育者の知識や技術を見て学び，子どもの行動や言動の意味や，保育者のねらいを汲み取って一日一日振り返ることを大切にしましょう。そうすることで，子どもを理解することにつながり，保育者の姿から，自分がめざす保育者像が描かれてくるのではないでしょうか。

クラスの子ども全員に目を配ろうとするのですが，なかなかできません。よい方法がないでしょうか？

A 　幼稚園の場合，１クラスに30人程の園児がいます。名前を覚えるだけでも時間がかかりますから，クラスの子ども全員に目を配ることは，実習生にとってたいへんな課題でしょう。しかし保育者は，どの子がどこで何をしているかを見ているだけでなく，発達の段階を理解し，よい方向に向かうように援助をしています。ではなぜ保育者にはできて実習生にはできないのでしょうか。それは，日々の保育の中で，性格や家庭環境だけでなく，個人の興味や関心についてある程度の情報があるからです。そこに経験が加わって，大切なことを見逃さない「見る目」ができます。一方，情報のない実習生の新鮮な目で見て感じたことが，保育者の気付かない発見をすることもあります。自信をもって少しずつ「見る目」を育てられるように学んでいきましょう。

1．日頃から観察する習慣をつけましょう

　「見る目」の力を養うのは，実習が始まってからではありません。保育の勉強を始めたら，日常生活の中で「子どもの観察」を始めましょう。公園でも，電車の中でも，最初は見ているだけでもよいのです。やがて，子どもの姿が気になり，自然と観察している自分に気が付きます。

2．まず，子どもの名前を覚えましょう

　実習が始まったら，早く子どもの名前を覚えましょう。積極的に声をかけてきたり目立つ子どもの名前はすぐに覚えられます。そうではない子どもの名前を意識的に覚えようとすることで，どの子にも目を配ることができるでしょう。また，いつも子どもたちが見渡せる場所に座るように心がけ，多くの子どもたちに対して背中を向けない位置取りをすることに配慮してみましょう。

3．子どもを見る視点を明確にして記録を書きましょう

　子どもに目を配っていくには，漠然と姿を追っていくだけでなく，子どもを見る視点を明確にすることです。一度に多人数の子どものすべての活動を見るのは困難ですから，ポイントを決めて観察をし，実習記録を書いて振り返りましょう。それを積み重ねることで，見えない部分が見えるようになります。

Q 72 子どもの注意・関心を引きつけるための，説明のしかたのポイントを教えてください。

A 　子どもにかかわらず大人も「今から鬼ごっこをします。ルールはこうで，ああしてこうして……」と淡々と説明を受けても，わくわく感を抱きません。遊びや活動に関連した話や保育教材を用いて，今から何が始まるのか，子どもの想像力を引き出すように，まずは導入を工夫してみます。小道具がなくても「今日は先生が特別な遊びを考えてきました。それはね……」と，対話の中で子どもたちが遊びに興味をもち，保育者の話を聞き入ることもあります。同じ遊びや活動でも導入ひとつで，最初にもつ関心は随分と異なります。

　次に，説明のしかたですが，言葉に頼りすぎてはいませんか。一方的にすべての説明を聞いてから遊びや活動に入るよりも，まずは，優先的に伝えるべき事項を3つまで伝えた上で，やりながら説明していくほうが子どもは理解がしやすいです。また，やりながら説明を加えることで，子どもから質問やルールの提案があがることもあります。そうすると遊びの幅も広がり，子どもたちの考える力にもつながります。

　そして忘れてはいけないのは，聞く環境です。子どもたちはあなたの顔を見て話を聞く状態ですか。立ったままか座って聞くか，自由な場所で聞くか着席するか，広がったままか集まって聞くか，状況も様々です。聞く姿勢がその時々に適しているのか，実習生自身の立つ位置も含めた人的環境，材料や用具が子どもたちの手元にあったほうがよいのか，それとも説明後に渡すほうがよいのかなどの物的環境，どのタイミングでどういったスペースが好ましいかなどの時間・空間的環境も何通りか考えておきましょう。

　保育者によって様々なやり方がありますので，まずは実習先の保育者をまねることから学び，助言をいただきながら，自分なりのやり方を身に付けるよう心がけましょう。

子どもといっしょに遊んでいたら，そこから抜けられなくなってしまいました。どうすればよいでしょうか？

 　どうしても抜けなければならないのでしょうか。実習では，特定の子どもと関わるのではなく，公平に関わることが求められます。

　このように，実習生が子どもとの関わりに偏りを感じたり，子どもが実習生を独占しようとしていると感じたりして抜けようと思ったのであれば，今関わっている子どものようすを観察しましょう。いっしょに遊んでいる子どもたちとの関わりも大切にしていきたいが別の場所で遊んでいる子どもへの関わりも大切にしたい気持ちは，大切なことです。しかし，目の前の子どもがあなたを必要としているときに無理に離れることはできませんので，「もう少ししたら，先生は向こうの遊びもしてみようかな」など，先のことを伝えた上で移行することも選択できます。

　その他に，子どもたちだけで遊びを継続し発展できるようにしていくことが望ましいと感じた場合は，遊びへの参加のしかたや立ち位置の工夫により，徐々に子どもたちだけの遊びの環境を整えることも可能です。

　また，いっしょに遊んでいる子どもたちの遊びを他の子どもたちとの連携をとりながら広げていきたい場合には，実習生が連携に導くこともできますが，どちらの子どもにも言葉をかけながら，子ども同士が自然とつながっていくこともあります。

　時に，緊急的にその場を離れなければならないこともあります。その場合も，子どもに理由を伝えた上でその場を離れるようにしましょう。いっしょに遊んでいる相手が黙って抜けたり，遊んでいるのかそうでないのかわからないあいまいな状況だったりしたときの子どもの気持ちを想像してみてください。子ども一人ひとりの気持ちに寄り添うよう，心がけましょう。遊びの環境設定は流動的であり，その時々の子どもの姿や保育者のねらいによって変化していきます。目の前の子どもの姿や遊びの状況をよく観察して判断しましょう。

遊びに入れない子どもにはどう接したらよいですか？

A 　幼稚園や保育所，認定こども園に入園してくる子どもたちは，それまでの保育経験や家庭生活によって経験値は本当にばらばらです。0歳児から保育所に在籍した3歳児は，これまでの経験で，だれとどこで何をして遊ぶかのイメージをしっかりもっている子どももいます。また，3年保育に入ってくる前まで家庭で母親とだけ生活してきた子どももいます。そのような場合は，同年齢の子どもと遊ぶ経験に乏しく，自分の意思を伝達する言葉も社会性の育ちも未開拓です。特に第一子はその傾向が顕著です。

　そのようなことから，誰でもすぐに遊び始められるわけではありません。他の子どもが遊んでいる姿をじっと観察している場合もありますし，他児が使っているシャベルをいきなり奪い取ったりしてトラブルが発生する場合もあります。また，順番や貸し借りの遊びのルールについてもわからないことも多くあって，消極的になる場合も考えられます。

　ようすをよく観察し，少しずつ遊びの中に入れる配慮が必要です。たとえば
・保育者が手をつないで，他児の遊びにいっしょに入り楽しませる。
・慣れている子どもに新入の子どもを紹介し，いっしょに遊んであげてね，と促す。
・玩具などをいろいろ紹介して，好きなもので少しずつ遊ばせる。
・プラレールなど，家庭にある玩具を聞きだし，同じものを保育室に揃えておいて安心して遊べる環境を用意する。

　要は，安心して園にくること，保育者と，「好き」という関係を構築することがとても大切です。そのようになれば，時間はまちまちですが，その子なりに遊びを見つけることができるでしょう。早く遊ばせようと慌てないことが肝要です。そのうち遊ぶだろう，くらいの気長さで取り組みましょう。また，少しの変化を保護者に伝えることは，安心につながります。心がけましょう。

Q 75 楽しく遊んでいるところへ邪魔しにくる子どもに，どう対処すればよいですか？

A **1．ぶつかり合いながら学んでいく**

　他児とぶつかり合いながら過ごす経験がない子どもが，いきなりルールや順番を守って遊ぶことは不可能に近いことです。集団生活で様々な葛藤を繰り返し，失敗を重ねて徐々に調子を合わせることができてきます。最初は他児の遊びを邪魔しているようなふるまいをする子どもには，保育者が中に入って「○○したかったのね」「●●が貸してほしかったのね」などと邪魔に見える行動を翻訳し，伝えます。また，邪魔された子どもには「今までお友達とあんまり遊んだことがないんだって」「まだ約束をよく知らないんだって」など，邪魔に見える行動を肯定的に捉えられるようにします。「いろいろ教えてあげてね」と促し，仲を取り持ちます。

2．環境の構成を丁寧にする

　新学期の最初はこのようなトラブルが起こることを想定し，保育室の玩具の種類や数を調節します。とり合いを起こりにくくするためには，一定の数を揃えることも重要です。保育室の環境の構成も，積み木，折り紙，パズル，パスによるお絵かき，簡単な粘土遊びができるような環境などを用意し，子どもに見えやすいように展開し，興味が分散するようにすることも大切です。環境は事前に用意できるものですので，自分なりに構成した後，先輩の保育者に意見を求め，アドバイスをもらいましょう。

3．保育者との信頼関係を構築する

　保育者との信頼関係が希薄なときには，自分に気を引くためにわざとトラブルを起こす，なんていうこともあり得ます。そんなときは，子どもをひざに抱き寄せ，スキンシップをはかったり，「●●したかったんだね」と優しく語り掛けることも効果があります。受容される実感がわくと心が落ち着き，トラブルも徐々に減ることでしょう。

Q 76 特定の子どもが離れてくれません。どう対応すればよいですか？

A 実習生に対して，べたべたとくっついて離れない子どもがいます。背中に乗ってきたり膝に乗ってきたり，動こうとしても，脚につかまっているというようなことも見かけます。むげに引き離すと，その子どもの心を傷つけるのではないかという気持ちもあり，対処に困る実習生もいるでしょう。

子ども（特に新入の子）にすれば，園で頼りになるのは保育者です。自分の目の前から消えようなものなら，パニックに陥ります。だから独占しようとしているように見えるのはある意味当然です。

「寂しいのね」「先生のことが大好きなんだね」「一緒に遊ぼう」などと声をかけ，安心材料を与えるようにしましょう。これは1回やればすぐに安心するということはありません。何度か対応することで，徐々に離れることでしょう。自立ができる，ということは，心許せる人にじょうずに依存できる，ということです。愛着関係を形成し，徐々に基本的信頼関係〔安全基地〕を確固たるものとし，安心感などを基盤にしながら自立に向かいます。時間が必要です。

もしかすると，「自分の好きな遊びが見つからない」というサインなのかもしれません。だから，人（保育者）を遊びの対象として玩具のように感じているのかもしれません。このような場合は，生まれてから生育の過程で，どのような遊びに興味をもっていたのか，どのような玩具で遊んできたのか，どうすれば喜ぶのかを保護者に尋ね相談しながら，アセスメントすることでヒントが見つかるかもしれません。

子どもだけに原因があるのではなく，実習生にも原因があることがあります。たとえば，実習がはじめのうちは何をしてよいのかわからないため，手あたりしだいに子どもに触ったり抱き上げたりして，実習が何を目的になされるのかを勘違いしていることなどが考えられます。教育実習の目的や，何を学ばなければならないかを考えるとき，1人の子どもとべたべたしているわけにはいきません。時には毅然とした態度で「いまはだっこできないよ，ごはんを食べたらいっしょにいてあげるから」などと話しましょう。

泣いている子どもにはどう対応すればよいでしょうか？

入園間もない子どもや，悲しいことを経験した子どもは泣くという感情表現をします。人間は生まれてから，泣くという感情の表現で，お腹が空いた，背中がかゆい，眠いなどの感情を表出します。数年経つと，泣くという表現だけではなく，うれしい，楽しい，苦しい，くやしい，辛い，いやなど，大人と変わらないくらいの感情を表現できるようになるものです。そのように，自分の感情を，その場面と，相手にあわせてコントロールできるようになるまでには，様々な感情表出を，まわりにいる大人がどのように受け入れるかで，その子どもの感情の幅も決まってくると思われます。

たとえば，悲しいことがあって泣いている子どもが「泣いてばかりいたらどうしたのかわからないよ！ ちゃんと言葉で言いなさい！」とたたみかけるように言われたら，その子どもはもっと悲しくなるでしょう。また，泣いている子どもを見たときに，私たちは原因を知りたいと考え「どうしたの？」「なぜ泣いているの？」と尋ねます。しかし，泣いている，ということは，その理由は様々にあるでしょうけれども，要は悲しいのです。そっと近くによって「何か悲しいことがあったんだね」と寄り添うことが大切です。子どもなりに納得すると少しずつ泣きやみ，「あのね……」と話し出すかもしれません。泣きじゃくっているときに聞かれても，答えられるわけがありません。じっと肩を抱いていっしょにいてくれたら，子どもはいっぱい泣いて，すっきりするかもしれません。悲しさを受け入れてもらい，共有してもらうことは，人としてとてもうれしいことです。結果的に，早く自ら立ち直ることができるのではないでしょうか。

幼稚園で精いっぱい泣けることは，貴重な機会でもあります。喜怒哀楽，すべての感情がとても大切です。親も含めて大人は，やはり喜と楽をうれしく思うのですが，哀と怒がセットになって「喜怒哀楽」なのです。どれも素敵な，人間がもっている大切な感情なのです。

Q 78 子どもたちがふざけ出し，収拾がつかなくなりました。どうすればよいですか？

A ちょっとしたことがきっかけで，子どもたちは急にふざけ出すことがあります。なぜふざけているのかわからないときは，思いっきり子どもといっしょにふざけたおすことも一つの手です。一定時間が経過すると子どもも徐々に落ち着いてくるので，そのまま話が聞けるようになるまで待つようにすると信頼関係ができます。

ふざけていて収拾がつかない場合，一度保育者が部屋を出るという手もあります。その場合は5分ほど経ったら保育室へ戻ります。そのころには少し冷静になっているかもしれません。戻った際，「今楽しそうにしていたけれど，何が楽しかったのか，先生にも教えて」と話し，おもしろさを子どもと共有するようにします。

もしも，どうしてもいま自分のほうに注目してほしいときには，それにまさるおもしろいことを提供するか，それにもまさる大声を出して引きつけるかです。しかし，どちらかというと，子どもがおもしろがっていることに共感しながら，保育を柔軟に変化させることが肝要でしょう。たとえば，子どもの注意を引く方法として，静かにピアノを弾き始めるのもよいでしょう。どんな反応を子どもがするか楽しみ，おもしろがる感受性も重要です。その他，興味・関心を引く遊びとしてハンカチ落としを紹介します。子どもたちにハンカチを見せて，「先生の手からハンカチが離れている間は大きな声ではしゃいでよいです」と言ってハンカチを投げ上げます。手でつかんだら静かにさせたり，わざと落としたりしてはしゃぐことを継続させたりして，子どもの注目を集めながらこちらのペースに引き込みましょう。

基本的には，子どもたちが一瞬一瞬の時間の中で，自分のまわりにある様々な自然の事象や部屋のなかの環境，まわりにいる人から様々な刺激を受けて，感受性豊かに感じ反応することはとても重要なことです。そのような意味から考えると，保育を担当する私たちの心の余裕によって，その「ふざける」ことに対する反応も変わってくるのではないでしょうか。

朝の身辺整理のときどのくらい手伝えばよいのかわかりません。

A　子どもが朝，登園してくるまでの過ごし方は，前日に家に帰ってから夜眠るまでの生活のリズムによって形成されます。それは子ども自身のもともともっている個人的リズムに，保護者をはじめとする周囲の生活リズムを取り入れる方向で強化されます。

幼稚園には生活リズムの異なる子どもがいるのはもちろん，保護者の職業などの都合によっても生活リズムのズレの幅は広げられるので，家庭と園の生活リズムのちがいにとまどう子どもがでてきます。入園当初は特にそれぞれの子どもの家庭の生活リズムを知って，それに近い生活リズムを園で準備することも必要となります。

一方，園での活動を充実させるためには，園の生活リズムを子どもたちが身に付け，活発に活動できる共通の時間をもてるようにすることも大切です。それには，登園時に家での子どものようすを聞くなど家庭との連携や園のプログラム，環境構成の工夫によって子どもの負担を軽くする配慮が求められます。

生活習慣の自立は，家庭での生活の影響を受けて幼児期には著しい個人差が見られるため，保育者は子どもがどこまでひとりでできるのか，どのような手助けがいるのかを見極めなければなりません。ときにはひとりでできることを「手伝って」と頼む子どももいますが，子どもが一番「して」ほしいのは自分に関心を向けてもらうことだということを思い出してください。そして，子どもの気持ちに寄りそった言葉をかけましょう。

準備や整理等に手間どる子どもがいて次の活動に入れないときは，無理に急がせるのではなく，子どもが少しでも達成感をもてる形で援助してください。「できた」という自信は成長につながります。

Q 80 「おかたづけ」といってもなかなか遊びをやめてくれない場合，どのように対処（言葉かけ）すればよいのでしょうか？

A 　子どもは成長するにつれて，世の中にはルールがあることを知り始めます。同時にそのほとんどが自分の希望にそうものではないことにも気付き始めます。すると，当然ルールに対して警戒感を抱いて，何かをするようにいわれても，すぐにはできなくなります。言われたことが自分の希望とまったく反対の場合には，指示に従うことは自分をなくしてしまうような不安を感じさせるものだからです。

　しかし，保育者やルールには従わないといけないとわかっているので反発を口にしたり，ぐずぐずしたりするのでしょう。子どもの希望や主張を聞き入れながら，保育者の都合と折り合いをつけるようにしむけるような言葉かけは有効です。

　たとえば，遊びの続きのように「先生が目をつぶっている間に，おかたづけできるかな」と目をおおっていると，あわてて片付けを始めるかもしれません。子どもは期待にこたえたり，役に立つことに誇りを感じるため，「どうしてかたづけないの」と頭ごなしにいうよりは，自分からやるように方向づけるほうがスムーズにいくと予想されます。

　片付けるということは，何を・どこに・どのようにすればよいのかを知っていなければできません。ものの所定の位置をはっきりさせて，そこに片付けることが習慣となるような工夫が必要です。園によっては，子どもそれぞれが自分のマークを持っていて，棚やかばん掛けに貼ってあったり，どんなときに使うかによってコーナーや箱に分けていたり様々な方法をとっています。

　片付けはむずかしいことではなく楽しいと思えるようなくふうが，子どもに自然と整理整頓を促します。

大勢の子どもを，楽しくのびのびと活発に遊ばせるための，安全対策，危険への気くばりのポイントを教えてください。

A 　最近の保護者は，家庭で安全な生活をさせようとするあまり過保護になり，危険な遊びを禁止するなどの傾向が見られます。その結果，子どもは経験不足で危険を避ける能力が身に付かず，数年前では考えられなかった小さな出来事による園内の事故やけがが多くなっています。

　子どもは，友達の危険な行動は指摘できても，自分の行動の危険性を予測できない発達的な特徴があります。子どもが状況に応じて機敏に体を動かし，危険を回避する力を身に付けるためには，日常生活の中で十分に体を動かして遊ぶことが必要です。その中で危険な場所，事物，状況などがわかり，「どうしたらよいか」の注意力・判断力・自制心などを学んでいくのです。しかし，そのためには大きな事故やけがが起こらないことが大前提となります。したがって，次のような点を注意しながら実習に臨んでください。

　まず，保育の前と後の環境をチェックします。固定遊具などに異常はないか，石やガラスなど落ちていないか，破損したまま遊具を放置していないか。玩具のビスなどが抜け落ちていないか，釘がでていないか。園庭などにへこみやくぼみはないか。窓や戸がぐらついていないか。破損しているなどの部分を発見したときは，実習園の保育者に報告し，保育者の指示に従って対処します。

　次に，保育中の配慮を考えます。こぼれた水で床が滑りやすくなるなど，状況の変化にも気をくばり，場を整える必要があります。そのために保育者として，子どもの遊んでいる位置や安全は常に確認するよう心がけましょう。

　危険な遊び方をしている場合は，安全な遊び方を教え，子どもの能力にあった遊具を選択することが重要です。ただ禁止するのではなく，時には間違った遊び方についてみんなで考え，自分たちでルールを考えあうことも有効です。

　同じ子どもが何度もけがをくり返すことがあります。子どもは夢中になると，安全に対する意識は薄れます。保育環境の中で，事前にいろいろな場面の子どもの姿を想定し，大きな事故につながらない対処を施す配慮が必要です。つまり，クラスの子どもの実態を把握することが大切なのです。

Q 82 子どもがけがをした場合，どう対処すればよいですか？

A ## 1．けがの対処について

　子どもがけがをして初めて安全な行動について知ることも少なくありません。けがの程度はどうであっても，子どもがけがをしたときは，必ず実習担当保育者に報告する必要があります。実習生であろうと，子どもがけがをした場面を見た場合，当事者として，けがをした状況とその子どもへの対応をできる限り正確に報告しなければなりません。あとになって症状がでることもあり，後遺症ということもあり得ます。けがが起きたときの状況は，写真やヒヤリハットなどで正確な記録を残すようにしましょう。

　けがの対応を間違えるということもあり得ます。わかっていることでもけがや事故の対応には，ひとりで判断せずに，必ず実習担当保育者に相談しましょう。幼稚園での大きなけがの場合は，病院に行って診療してもらうケースが多くなりました。けがによっては，一刻を争う場合もあります。応急処置をしなければならないときは，保育者と役割を分担し責任を果たせるようにしましょう。

　どんな場合でも最も大切なことは，あわてないことです。子どもがけがをしたとき，特に頭から血を流すような事態になると，驚きあわてて悲壮な表情で報告にきた実習生がいます。そのようなとき，保育者よりも子どものほうが，驚き，痛みに襲われ，不安になっているのです。保育者が冷静さを欠いた対応をすると，子どもはいっそう不安に陥ります。まずどんなけがであっても，子どもに安心感を与えることが大切です。保育者自身の気持ちが動揺していようとも「先生がついているから，大丈夫よ」とやさしく声をかけ，その言葉で自分自身が冷静さを取り戻してください。あわてると，するべきことがすぐに思い出せず，ちぐはぐな処置をしてしまいます。落ち着いて，適切な処置を行なうことが大切です。

　応急処置については，まずは実習担当保育者や主任，園長先生に報告し，指示を仰ぐようにしましょう。ただ，園外保育などで，まわりに指示を仰げない

が，放置しておけない状況もあるかもしれません。そのようなときは，実習生が的確に処置を行わなければなりません。

　紙面の都合上，具体的なけがの処置について書くことができませんが，実習までに必要最低限の応急手当について，もう一度見直しておく必要があるでしょう。

【子どもの意識がなくなったような場合】
　　・気道の確保
　　・人工呼吸のしかた
　　・心臓マッサージ
　　・心肺蘇生法
　　・止血法

【すぐに処置しなければならないけがや事故】
　　・頭を強く打った場合
　　・けいれんを起こした場合
　　・やけどをした場合
　　・はちに刺されたり，へびにかまれた場合
　　・異物がのどや気管につまった場合
　　・毒物を飲みこんだ場合

　これらは，すべて子どもの命に関わる事故やけがです。

２．安全教育と安全配慮について

　言うまでもなく幼稚園は，子どもの命を預かっている施設でもあり，幼児教育施設でもあります。起こってしまった事故やしてしまったけがは，取り消すわけにいきませんが，子どもたちには，二度と起きないよう共通理解を図っておく必要があります。

　子どもがけがをした直後は，最も子どもたちが意識しているときです。そのようなときに，けがや事故のことについて，「どうすれは事故を避けることができるか」「どうすればけがをしなかったか」などを，子どもたちに伝え話し合います。それが危険に対しての効果的な安全教育になります。

Q83 子ども同士のけんかの場面，実習生はなるべく見守ったほうがよいのですか？

A 実習中に実習生が，子どものけんかの場面に出会ったら，「どうしよう」と動揺して，「とりあえず，けんかを止めなければ」と考えるかもしれません。中には，「実習生は子どもたちのけんかに関わらないで，危険がない限り見守ってください」と事前に指導された人もいるかもしれません。それほど子ども同士のけんかは，子どもの社会的な成長に大切なのです。

「けんかをすることは悪いこと，いけないこと」と考える大人が多く，就園前の公園での遊びにおいても，保護者は子ども同士のけんかになりそうになると，途中で止めたり，取り合いにならないよう同じバケツやスコップを用意したりするなど，けんかをしないように心くばりをしています。けんかに対する認識の程度により，その対応が変わってきます。

けんかとは，両者の力関係が互角である場合の子ども同士の自己主張のぶつかり合いで，感情的なもつれを，力ずくで解決しようとする行為だといえます。子どもはけんかをすることで怒りや悲しみ，悔しさなどの感情を体験し，相手の存在や相手にも意思があることを理解します。子どもはけんかを通して，正しい自己主張のしかたや，トラブルの回避のしかた，相手の気持ちなどを学び，人との折り合いのつけ方を身に付けます。つまり，適度なけんかの体験をすることや，他者のけんか場面を見たりすることは，社会性が育まれるうえで欠かせないことなのです。したがって実習生も，けんかのようすを見守ることが大切です。ただし，すべてのケンカを見守っていればよいわけでもありません。低年齢児の場合や，噛みつきなどや明らかに大きなけがにつながりそうな場合については止めるべきです。

子ども同士のけんかを見守っていると，子ども同士で解決することが多いものです。ただ，子ども同士で解決したあと，けんかの理由やその状況がわからない場合，それを確認することが望まれます。

けんかの中には対等な力関係でないものもあります。けんかを恐れ，正しい自己主張ができない，しないままがまんしてばかりいる子どもがいます。その

一方，自己主張ばかりして，なぜけんかになったか，友達の気持ちを考えよう
としない子どももいます。それは「けんか」か「いじめ」か，あるいは「暴力
行為」をきちんと見きわめたうえで，両方の子どもに対し，個々に応じてしか
るべき指導をすることが大切です。次の観点でけんかの状態を見てみましょう。

①主張すべきときにきちんと自己主張できているかどうか。
②状況が判断できているか。
③自己コントロールできているか，またしようとしているか。
④自分の気持ちと相手の気持ちとの相違に気付いているか。
⑤相手が泣いていることへのうしろめたさや葛藤を感じているのか。

　上記の観点でけんかの状態を見きわめ，けんかが感情に響く学びの体験にな
るように導くことが必要です。そして，基本的な対処のしかたとして次のよう
な関わりが必要となります。

①なぜしたのか，けんかをした子どもたちからその理由を聞く。
②事態の経過を聞く。
③現在の気持ちを聞く。
④相互に不当な点がなかったかどうか聞く。
⑤トラブルの望ましい解決法についていっしょに考える。

　年少児，年中児には，発達的なことも踏まえて，①，②，③の3過程くらい
の関わりでよいと考えられます。いずれにしても，ただ機械的に対応するので
はなく，年齢が低ければ低いほど，一人ひとりの子どもの気持ちに共感するこ
とが大切です。実習生は，必ずけんかについての状況や経緯，自分のとった対
応を，実習担任保育者に報告することも忘れてはなりません。

Q84 子どもに注意するときはどのような点に気を付ければよいですか？

A 　実習生の多くは注意をすることで，子どもにきらわれないか，子ども心を傷つけないかと不安になり，ためらう傾向があります。しかし，子どもは，注意を受けることにより，行為や発言の良し悪しや，その判断基準を理解し，態度として身に付けていくのです。

　「どうして，○○できないの？」「○○しないの？」という注意では，判断基準が示されず，子どもはただ非難されていると感じます。信頼関係のない状態での批判的な注意は，反発を招き，心を開かなくなります。

　まずは，その子どもに応じた注意をすることが大切です。その子どもにどの程度の理解力があるかを考えましょう。言い換えれば，少しくらい注意されてもあまり気にとめない子もいれば，少し注意されただけでも，たいへん悪いことをしたという意識をもつ子どももいます。子どもの性格面も考慮に入れ，実習生は子どもとの距離感を意識し，一人ひとりに応じた注意を考えましょう。

　次に，注意する行為や発言に対して感情的にならず，冷静に，落ち着いた声で，目を合わせて注意します。その理由を伝えたあと，注意したことが子どもに理解できているか子どもに確認します。ただし，あまりしつこくならないように。注意されたといういやな感情だけが残る注意のしかたはよくありません。子どもへの注意の留意点を述べます。

①注意するタイミングは，その場，そのときに。

②間違っても「あなたは，本当にだらしないよ」とか「乱暴ね」など，人格にふれるような注意のしかたはせず，行為について指摘する。

③注意された理由が，明快にわかるように回りくどい言い方をせず，子どもが理解できる言葉や言い方で注意する。

④危険行為やどうしてもやってほしくないことは，強く注意する。

⑤注意後のケア（アフターケア）を大切にする。

「けじめのある態度で接してください」と言われましたが，具体的にどのようにすればよいでしょうか？

A 　保育者は，子どもが充実した毎日をおくれるよう子どもだけでなく，保護者もサポートします。時には親子関係を調整する役割を担います。

実習は保育者の仕事を，実際に保育が行われている現場で保育者の子どもや保護者への関わりを通して学ぶ期間です。

園によっては多く実習生を受け入れていて，子どもたちが「実習生馴れ」をしていたり，子どもに助けられることもあるでしょう。けれども実習生一人ひとりには，子どもが充実して過ごせるような日課を展開（補助）すること，とりわけ子どもの安全を確保することへの責任があります。

また，実習中に知った子どもや家族のプライバシーを厳守するのは当然の義務です。

実習生は子どもの友達でもなければ，「先生」でもありません。保育を学ぶ学生です。学生の大半は，子どもの保護者より社会経験は少ないですし，保育者と比べれば社会経験だけでなく保育技術も未熟であることは否めません。まずは，このような自分の立場を認識しましょう。ただし学生には試行錯誤が許されるので，まわりの保育者の力を借りながら，子どもや保護者から素直にどん欲に学んでいく姿勢が大切です。

「けじめのある態度」とは，実習生としての自覚と社会人としてのマナーがどれだけ身に付いているかで判断されます。子どもや保護者，保育者などへの挨拶，時間や園の規則を守ることはその大前提となります。実習では，自分が魅力を感じる保育者の，子ども・保護者・同僚への接し方をしっかり観察して今後の参考にすることも可能です。

「けじめのある態度」はどのような仕事をするうえでも必要なものですが，相手の立場が弱いほど「職業倫理」として強く求められる傾向があります。

Q 86　噛み付いたり，乱暴する子どもへの対応のしかたを教えてください。

　なぜ噛み付いたり乱暴するのか考えてみましょう。自分の欲求を相手に伝えるときの手段はいくつかあります。

・相手に言葉で主張する

・相手に噛み付いて欲求を遂げる

・相手をたたいて主張を通す

・泣いて訴える

・すねる

このなかからどれを選んで実行するかなのです。

　言葉でうまく伝える自信がない場合，その他の方法を選びます。いくつか経験するうちに，相手に伝わりやすい方法を学習し，そのような場面に使用します。家庭で親に自分の主張を伝える際に，忙しそうにしていて聞く耳を持たない場合，とにかく保護者が困るくらいの大声で叫んでみて，親がこちらを振り向いて子どものことを聞いてくれた経験があれば，子どもはその方法が効果的であると感じることでしょう。友達との場合，噛み付くことで欲しいものが手に入ることがあれば，その方法が学習され日常的に使用されることになります。

　多くの場合，言語的な育ちが未熟である場合，噛みつきや暴力を使用します。噛まれると痛いことを伝えたり暴力ではなく，言葉で伝えましょうと話したりしますが，効き目がないことがほとんどです。それでも，言語的な発達が進めば徐々に言葉で伝えられるようになるのです。少し時が経ち，育ちが促されると，一生懸命言葉で伝えようとする姿も見られることでしょう。そんなときはそっと当該児に近づき「一生懸命お話していていたね。よかったよ」「よく我慢できたね。今の方法でいいんだよ」と伝え，認めます。

障がいのある子どもがクラスにいます。対応のしかたを教えてください。

A　『障害者白書』には，障がい者を取り巻く社会環境における4つの障壁（バリア）として，物理的な障壁，制度的な障壁，文化・情報面の障壁，意識上の障壁があげられています。これらの障壁をなくして，心身に障がいがあってもなくても地域で「ふつう」に暮らすことができる社会をつくっていくことをバリアフリー（障壁除去）といいます。

　障がいのある子どもが，障がいに応じた支援を受けることができる場所に集まるのではなく，支援が子どものいる場所に届けられることもバリアフリーのひとつであり，幼稚園や保育所，認定こども園では障がい児保育に取り組むところが増えてきました。しかし，障がいのある子どもの受け入れに際して，人員の加配，受け入れ可能な障がいの種別・重軽の受け入れ人数の差，受け入れる園の専門性確保など園によって非常に大きな格差が存在しているので，利用可能な子どもが限定されるという現実があります。

　このような前提を踏まえて，障がいのある子どものクラスの子どもたちと障がいのある子どもの保護者の立場を考えてみましょう。

　「子どもは人間関係のなかで育つ」という言葉があります。子どもたちは，障がいのある子どもになぜ特別なサポートをするのかを理解する必要があります。そうすることによって，自分や他の子どもとは違うけれど，かけがえのないクラスの一員であると認識するようになります。

　障がいのある子どもの保護者は，子どもの園生活に対して本人以上に不安を感じているものです。保育者は保護者の話をしっかり聞き，場合によっては治療法の有無，効果の限界，育て方などを医師等に相談し，園でその子どもが快適に過ごせるように環境を整えましょう。同時に保護者同士の交流が円滑に行えるよう支援していくことも大切です。

Q88 外国にルーツがある子どもがクラスにいます。対応のしかたを教えてください。

A 　外国にルーツがある子どもは，他の子どもと異なる生活習慣や言葉・コミュニケーション法や容姿をもっている場合が多いです。このような異文化に保育者や保護者にどのような対応をしていくかによって，その文化に対する子どもの価値観や態度が決まっていきます。

　自分と比べて多くのちがいをもつ人との出会いが豊かなものになるように，大人も多様な価値観にふれて視野を広げていきたいものです。

　「外国人の子ども」といっても，両親とも外国人，父親が外国人で母親が日本人，父親が日本人で母親が外国人の場合と大きく分けて３つの状況があります。おそらく保育者が親とのコミュニケーションを最もとりにくいのは両親とも外国人の場合でしょう。その場合園内に身近な相談相手や友達がいる可能性は低いと思われるので，積極的に相談にのったり，保護者同士が親しくなる橋渡しをすることが求められるかもしれません。また，園の子どもたちが異なる文化を体験するときに，外国人の保護者に一役かってもらうのもよいアイデアです。

　園での日常生活で起こるのは食事に関する問題です。宗教上の理由やふだん食べているものと違うために，給食が子どもの口にあわないことは珍しくありません。

　特に母親が外国人の場合は，お弁当も日本人にはなじみの薄いものをもたせるので，子どもはいつまでも給食をおいしいと感じられないことがあります。心身の発達に必要な栄養が偏よることを避けるには，家庭との協力も必要です。

　日本人であっても，新しい生活や集団に慣れるのには時間がかかります。まして，言葉が十分でなく生活習慣の異なる知らない土地に暮らす外国にルーツがある子どもや保護者が特別なサポートを求めるのはあたりまえのことです。

Q89　幼小連携について教えてください。

A　幼稚園では遊びや生活そのものが教育の中心ですが，小学校では授業における教科の学習が中心であり，指導の方法も異なります。また，これに伴って生活のスタイルやルールも異なってきます。このような違いの中で，子どもが入学後に学校や授業にうまく適応できず，あるいは問題とされるような行動をとってしまう場合があり，「小1プロブレム」として問題とされています。また保護者にとっても，子どもの就学をきっかけに育児と仕事の両立がしづらくなるなどの困難が生じることがあり，「小1の壁」などとよばれています。

　このように，就学の前後で学びの在り方の枠組みや，家庭も巻き込んだ生活に大きな変化があるにもかかわらず，幼児教育と小学校との連携が不足していることが指摘されるようになりました。そして，幼児教育と小学校教育との滑らかな接続を図ることが求められています。『幼稚園教育要領』においては，小学校の教師と意見交換や合同研究をしたり，幼児と児童とが交流したりといった積極的な相互の連携を図ることが求められています。また，『幼稚園教育要領』の「第1章　総則・第2・3」には，滑らかな接続のための手がかりといえる「幼児期の終わりまでに育ってほしい姿」も示されるようになりました。一方で，小学校教育においても主体的な学び方の展開が重視され，特に1年生の生活科を中心として幼児期までの育ちや学び方を踏まえ，入学当初には「スタートカリキュラム」が編成されるようになっています。

　特に保育者に求められることは，人間の発達は乳児期―幼児期―児童期―青年期―……と生涯をかけた連続的なものであることを認識し，卒園よりも長期的な視座をもって日々の保育にあたることです。また，段差は小さくすることよりも，子どもが自ら乗り越えていけることが重要です。そのためには，保育者としっかり信頼関係を築いて伸び伸びと生活する，葛藤も経験しつつ仲間と協同的に遊ぶ，基本的生活習慣を獲得して生活が自立に向かう……といった，幼児教育におけるあたりまえのことを大切にしなければなりません。

Q 90 実習園の保育者とうまくコミュニケーションが取れるか不安です。信頼関係を築くために何に気をつければよいでしょうか？

A 　初めての環境に入っていくとき，程度の差こそあれだれもが不安な気持ちになります。実習生は現場経験がまったくなく，少しの実習経験だけの見習い保育者です。不安に思うこと，分からないこと，失敗があってあたりまえです。まずあせらず自分を空っぽにして，心を開いて望みましょう。ここでは，受け入れ側の見方として，教えがいがある実習生の特徴を書いてみます。

1．明るくはきはきと接する

　指導を受けたときや質問のときなど，はきはき大きな声で受け答えされると気持ちがよく，また声をかけたくなります。挨拶についても，担当の保育者に自ら挨拶してください。自分をさらけ出し，「期間中がんばります。たくさん学ばせてください」と元気よく伝えることが大切です。1日が終わって退勤するときには，担任の保育者はもとより全員の保育者に聞こえるように挨拶をして帰りましょう。

2．積極的に準備を手伝う

　勤務開始時間の最低15分前には園に入り，用意を整えます。すぐに保育室に出向き，準備などを手伝います。その際に，なぜこのような準備をするのかなど聞けると，親近感がわきます。

3．わからないことはそのままにしない

　実習に入ると，きっと頭のなかは？？？？？の連続です。わからないことはそのままにせず，その日を振り返る時間がもたれたときには，些細なことでもよいので必ず一つは質問をし，メモを取り，記録に残します。このようなことを実践している実習生に，保育者は好感をもちます。結果として，担当保育者とのコミュニケーションもうまくとれるものです。ただ，どうしても相性が悪く，つらいことが続くような場合は，養成校の実習担当教員や主任の保育者，また園長先生に相談しましょう。しかしこのような出来事を乗り越える経験は，幼稚園や保育所に勤めてからの，教職員や保護者と，じょうずな距離の取り方のトレーニングにもなります。「これも，実習のひとつ」と割り切ることも必要です。

Q91　保育者はいつも忙しそうにされています。どんなときに質問すればよいのでしょうか。

A 　幼稚園や保育所，認定こども園の現場は，目が回るくらいに忙しいものです。自分がトイレに行くタイミングがとれず，膀胱炎になってしまった，という保育者もいるくらいです。放課後も，打ち合わせ・記録・保護者対応・教材準備などたくさんの仕事をこなしていますので質問する時間をとることはむずかしいでしょう。保育中などふっと空いた時間に，「質問したいのですがいつであれば可能ですか？」と声をかけるようにしましょう。もしくは，質問用紙を用意して渡し，「時間があるときにお声掛けください」と伝えるのもよいでしょう。

　保育終了後の振り返りの時間を使ってもよいでしょう。私たちの園では，勤務時間が終わったころを見計らって，「実習反省会」を10分程度，クラスごとに開いています。反省会では次のような点を扱います。

・今日疑問に思ったこと
・保育の意図
・子どもの心情，心のうごめき
・子どもの行動の裏側に隠されている心の動き
・けんかの対処のしかた
・保護者への連絡のポイント
・事故の処理

　聞きたいことを1日の終わりの反省会まで覚えていることはむずかしいものです。ポケットに入るくらいの小さなメモを用意して，短く書きとめておくとよいでしょう。短い時間しかとれませんから，的確に質問することも大切です。そのような気付きを実習ノートに記録しておけば，実習指導の保育者も実習ノートを点検する際その姿勢に共感を覚えますし，自分自身でふり返ったとき，自らの学びも深くなるでしょう。実習自体は，保育現場にでる前の予行練習的な要素もあります。わからないことをそのままにせず，きちんと理解して自分のものにすることはとても重要です。

Q92 保護者と接するときの注意事項を教えてください。

A 幼稚園や保育所，認定こども園の教職員にとって，保護者との応対は重要な要件のひとつです。子どものようすを的確に伝えたり，保護者同士のネットワークを保ったり，子どもの育ちを相互に助け合う関係を構築したりと，課題はたくさんあり，保育者も心をくだきます。数週間の実習で，実習生としては，直接的に保護者と対応することは少ないと思いますが，立ち居ふるまいも含めて注意すべきことを確認しておきましょう。

前提として，実習生といえどもその園の一時的なスタッフと見られます。服装，髪型，化粧，履いている靴などには注意しましょう。通勤の服装を保護者に見られて云々という場合があります。制服に決まっている場合はそのようなことは起こりにくいですが，私服の場合は注意が必要です。意外と保護者は注意して見ているものです。また，いつも口角を上げてにこやかを常としましょう。きびきびはきはきした行動が保護者にも好感を覚えさせます。

保護者との接し方について，何か質問されたら，わからないことはいい加減に答えないで，「私は実習生で詳しいことはわかりません。担任に伝達させていただきます」と応え，丁寧に名前を聞いて，担任の保育者に伝達します。そして，担任から答えてもらうようにしましょう。保護者から担任へ，担任から保護者への伝言・伝達を頼まれたり，何かを言付かったりすることもあります。うっかり忘れていた，というようなことがないよう注意しましょう。

それから保育中に，子どもがけがをした場面に出くわすことがあるかもしれません。保護者に状況を説明しなければならない場合などは，担任の保育者とよく打ち合わせをし，いい加減なことを言わないようにしましょう。特に，最近は保護者が子どものけがや傷に敏感です。そのことで園の信頼を損ねる場合もあります。同様に，子ども同士のけんかの場面などを保護者に状況説明を求められた場合は，これも担任の保育者とよく打ち合わせの上，軽々しく「どちらが悪かった」「はじめに手を出したのは○○ちゃんだった」といった発言はしないようにしましょう。

子育て支援について教えてください。

A　子育て支援に関しては，実習生が実習テーマのひとつにあげることがよくあります。それだけ注目に値する子育て支援は，実習生にとっても社会にとっても身近な関心事になっていて，保育者には多くの役割が求められているといえます。では，この子育て支援とは一体何でしょうか？

　子育て支援とは，子どもの健やかな成長のために，幼児教育・保育の専門性をもった保育者が，保護者に対して行う支援のことです。また，「幼稚園教育要領」には，幼稚園が子育ての支援のために「地域における幼児期の教育のセンターとしての役割を果たすよう努める」と記載されています。実際に幼稚園では，園庭開放，幼児期の教育相談，情報の提供，幼児と保護者との登園受け入れ，保護者同士の交流の機会の提供などが行われています。

　この背景に，少子化，核家族化，都市化による伝統的な地域社会の崩壊の問題があることが指摘されています。たとえば，地域に相談する相手がいない保護者は，子育てに関して悩みを抱え込み，幼稚園に支援を求めることがあります。保護者から支援を求められた保育者は，保護者の思いをしっかり傾聴し，保護者の気持ちに共感し，保育の専門性を生かして応答していきます。場合によって実習生は，保育者が家庭での様子を保護者からよく聞いた後，子育ての喜びを感じられるような子どもの楽しそうな出来事を保護者に説明するようすを観察することもあるでしょう。また，連絡帳を通して子育て支援を推察したり，子育て支援の実際を保育者から聞かせてもらうことができるでしょう。

　保育者は，集団生活の中で子どもの気になるところを発見することが多く，時には保育者が保護者に助言をしたい場合があります。いかに保育者が保護者に寄り添い，しっかりと子どもの健やかな成長のための課題を伝え，保護者に気付きを促しているかなどを，実習中に考察することもできるでしょう。

　以上，実習生の皆さんは，幼稚園が幼稚園内と地域において，子どもを取り巻く環境の変化に対応して，保育者がどのような子育て支援をし，どのような社会的役割を担っているかを，観察し考察することから学んでください。

第3章の確認のポイント

□実習日誌は，実習生が子どもの成長・発達の援助者としての見識を深め，日々のあり方を振り返り，成長するために欠かすことのできないものです。

□部分実習は1日の保育の中のある部分を担当し，責任実習は保育者に代わって1日の保育を実習生が担当します。

□手遊びは，「いつでも」「どこでも」「何人でも」「簡単に」できるたいへん優れた表現活動です。

□造形遊びは，子どもがもっている「表現したい」という欲求を満たし，主体的な造形体験を促進させることに意味があります。

□運動会への実習生の参加は，保育者のサポート役となりますので，保育者との報・連・相を心がけましょう。また，事前にできる確認は，前日までに済ませておきましょう。

□保育者らしさを意識するよりも，子どもにとって安心できる存在になることが必要です。

□説明は言葉に頼りすぎず，視覚からの情報も活用しましょう。また，説明時には，伝え方だけでなく，人的環境，物的環境，時間・空間的環境など，様々な環境に配慮しましょう。

□全体を見ることも大切ですが，まずは一人ひとりとの関わりを大切にしましょう。

□子どもたちが答えを導くこともあります。状況によっては投げかけることをしてもよいでしょう。

□保育者には卒園以降の発達も視野に入れ，子どもが乗り越えていけるように配慮しながら，小学校との連携を図っていくことが求められています。

第4章

実習が終わったら

Q94〜97

1 保育者に求められる高い専門性

　時代の変化の中で，家庭・地域社会の教育力の再生・向上，幼稚園の幼児教育機能の拡大などが求められており，幼稚園教育の役割への期待はますます大きくなっています。たとえば，小1プロブレムや学級崩壊など，幼児期の教育から小学校への接続についての課題がクローズアップされたり，友達や仲間のことで悩む子どもの増加など人間関係やコミュニケーションが困難かつ不得意になっています。幼稚園実習を経験した皆さんもその一端を垣間見ることができたでしょう。そこで，これからの幼稚園教育に期待される2つの取り組みの方向性について考えてみましょう。

　1つめは，家庭・地域社会・幼稚園の三者による総合的な幼児教育の推進です。幼児の健全な育ちを支えるためには，地域社会にある公園，児童館，図書館などの教育的施設や，民生・児童委員，ボランティア，育児経験者，中高生，大学生などの人的資源との双方向ネットワークの構築とともに，「親と子がともに育つ」という視点に立った，家庭との良好な関わりが必要となるからです。

　2つめは，幼児の生活の連続性および発達や学びの連続性を踏まえた幼児教育の充実です。家庭・地域社会の教育力の低下などの現状を受けて，幼稚園の果たす役割が大きくなっています。幼稚園教育では，幼児が日々の生活を連続的に経験することができ，発達や学びの連続性を確保することができます。幼稚園教育を軸に，連携を深めることにより，家庭や地域社会の教育力を補完，再生・向上させ，その成果が，円滑に小学校に引き継がれることも同時に期待されます。

　こうした多様なニーズに対応し，幼児教育の充実を実現するためには，より高い専門性が求められます。日々の保育の中で子どもから学びつつ，研鑽を重ねて専門性を習得していこうとするたゆまぬ姿勢が，保育者としての資質の向上をもたらし，専門性を高めることへつながります。どのような子どもを育てるかということは，どのような未来を求めるかということと，実は同義であり，不可分の関係にあります。そう考えていくと，幼稚園教育と保育者への期待は大きく，その果たす役割が重要であることがわかります。

❷ 実習終了後に行ってほしいこと

　保育者として高い専門性が求められること，その高い専門性は，実習指導の保育者となってからも日々子どもたちと一緒に過ごすなかで磨かれていくものであることは先に述べました。そして幼稚園実習は，そのような子どもたちと保育者の日々の生活を少しだけ体験し，今後の養成校での学びに生かしていくための場です。

　さて，幼稚園教育実習を終えた皆さん。実習は楽しかったですか。子どもたちは可愛かったですか。あっという間に終わってしまったと感じた人，長く感じた人，それぞれの思いをもって実習を終了されたと思います。実習を終えて養成校に戻ってきた多くの学生さんが「子どもが好きなだけではできない仕事だと思った」と言います。実習に行かなければ知ることができなかった保育者の仕事の多様さと，命を預かる現場の責任感を痛感されたのでしょう。おまけに，昨今低下しているといわれる「家庭・地域社会の教育力」を補完し，その成果が，円滑に小学校に引き継がれることも同時に期待される，となればなおさらです。でも安心してください。「子どもが好き」ということは何より大切な保育者の資質です。子どもが好きならがんばることができます。

　すでに実習事前学習で学んでいるとおり，実習に参加することにはいくつかの意義があります。また各実習には到達目標があり，皆さんも養成校での実習指導のもと一人ひとりが目標をもって取り組まれたと思います。けれども目標の達成には至らなかっただけでなく，失敗したことばかりが印象に残っている人も多いはずです。それが実習です。大切なことは"失敗だと思ったこと"や"指摘を受けたこと"から目を逸らさず向き合うことです。むしろチャンスだと捉えて原因は何だったのかを具体的に明らかにすることが次へのステップとなることでしょう。"うまくできたこと"も同様に振り返ってみてください。そうすれば次はさらに余裕をもって実習に参加できるでしょう。

　ここでは実習直後に実践してほしいことと，次の幼稚園教育実習に向けて，また就職して保育現場に出る前にぜひ実習終了直後から取り組んでほしいことについて，解説していきます。

Q 94　実習の評価はどのように行われているのでしょうか?

A　実習の評価は，実習段階における実習生の意欲や知識，技術，判断力が評価されます。現時点で，何ができて，何ができていないかを客観的に示すことにより，実習生のその後の学習課題を明らかとすることを目的とします。同じ評価項目でも，実習先によって評価基準が異なるため，最終的には実習先からの評価だけではなく，養成校からの評価も含まれます。実習生自身の自己評価を含める場合もあります。

　実習先からの評価では，実習指導の保育者と他の保育者や主任，園長と協議して評価することが多いのです。養成校や実習生の自己評価の場合は，事後指導を通して評価します。実習先からの評価は，養成校によって事後指導の方法が多様なので，開示される場合とそうでない場合，一部開示される場合があります。Q94-表1のように，具体的に評価表内で評価の観点を示すことがありますが，実習事前指導時にこの観点を学生に提示し，実習に向けた意識づけを行うこともあります。

Q94-表1　幼稚園実習の評価項目と評価の観点の一例

評価項目	評価の観点
実習への意欲・態度	自分から幼児と関わり，職務にあたっているか 挨拶や言葉づかい，身だしなみなど基本的なマナーが身に付いているか 保育者としての責任感や幼児や幼児教育への探求心が見られるか
幼児の理解	幼児の発達や気持ちを理解しようとしているか 実習で観察した幼児の姿を客観的に捉え考察しているか
幼児との関わり	様々な幼児と積極的に関わろうとしているか 幼児に対し臨機応変に措置や指導ができているか
教育の方法と技術	指導計画の立案や準備，実践への姿勢や振り返りができているか 環境設定や，教具や材料の準備や取扱い方法が考え実践できているか
職業観	幼稚園の役割や機能，専門職としての業務内容を理解しているか 専門職としての教師の役割や職業倫理について理解しているか
資質・適正	情緒が安定しており，幼児に対して適切に応答できているか 保育者の連携を心がけ，報・連・相（報告・連絡・相談）ができているか

Q 95 　学内での事後指導は何がありますか？

A　　実習は養成校での事前指導からはじまり，実習期間中の実習先からの指導を経て，養成校に戻ってから事後指導を受けることまでが含まれます。学内での事後指導は，養成校によって方法が様々ですが，大きく分けて以下の3つがあげられます。

①自己の振り返り
　　・観点に沿った学習内容の整理
　　・振り返りシート等による自己の振り返り
②学生同士の意見交換
　　・実習の反省や感想の共有および討論
　　・クラスや下級生への報告会
③養成校担当教員との面談
　　・実習生との対話
　　・実習評価や実習日誌に基づいた考察

①では，実習前に設定した自己課題への取り組みや達成状況を検証します。考えるだけでなく，書くことで考えが整理できます。その際，実習日誌や指導案，課題レポートなども読み返しながら振り返ることで，より具体的に検証でき，次につながる課題が明確化できるでしょう。

②では，自分の反省や感想を人に話すことで考えが整理されることもありますし，人の反省や感想を聞くことで，様々な園の教育方針を知り，幼稚園教育の幅広い理解につながります。グループワークは，同じ園に行った学生同士の場合と異なった特色の園で実習した学生同士でグループになる場合があります。また，報告会では少人数の場合と全体で行われる場合とがあります。

③では，どの部分が実習先から評価されたのか，どの部分に改善が必要だったのかを，実習への取り組みの様子を対話を通して考えます。その中で，次の実習や学習につながる課題を設定します。実習先からの評価は，開示される場合とそうでない場合，一部のみ開示される場合があります。

お礼の手紙の書き方は？

A　　お礼状は義務と捉えず，実習でお世話になった保育者にあなたの感謝の気持ちを文章で伝える，最高の機会と捉えましょう。

　実習が終わったら，1週間以内にお礼の手紙を出しましょう。万一，遅くなってしまったとしても必ずお礼状は出しましょう。「お礼が大変遅くなってしまい申し訳ありません。一言感謝の気持ちをお伝えしたいと思い，お便りさせていただきます」と遅れた理由は言わず，丁寧に，率直に謝ります。

　実習中を振り返りながら，エピソードをあげると書きやすいと思います。保育者はあなたの強い意志を受け，将来の同僚であるという期待から指導を行ってくださいました。その感謝の気持ちを自分の言葉で書きましょう。

　お礼の手紙は形式が大切です。白い便箋，白い二重封筒，ペンによる縦書き，そして内容についても手紙の形式に則って書きましょう（文例参照）。頭語と結語，季節に合わせた時候の挨拶，日付や名前を書く場所など，手紙の形式にはルールがあります。手紙の書き方についての書籍を参考にしましょう。

　宛名は必ず園長先生宛にします。クラス担任の保育者や子どもたちへの手紙がある場合には，別の便箋に書いて同封します。

　具体的な封筒の書き方を示しておきます。

　封筒の表には，右から順に，お世話になった実習園の「住所」「園名」「園長先生の名前（園長○○　○○　先生）」を書きます。「園長先生の名前」を封筒の中央に書くとバランスがとりやすくなります。切手を忘れずに貼りましょう。

　封筒の裏には，差出人である実習生の「住所」「名前」「投函日」を書きます。表書きより小さな字で書いたほうがいいでしょう。封をするときは，きちんとのりでとめましょう。

　手紙を書くことは，メールよりも手間ひまがかかりますが，その分，手紙を受け取る保育者に，「手紙に実習生からの感謝の気持ちが感じられる」と喜んでもらえます。

拝啓　初夏の候、〇〇園におかれましては園長先生をはじめ、先生方お元気でお過ごしのことと思います。

この度の実習では、運動会前のお忙しい時期に実習を受け入れてくださりありがとうございました。

今回の幼稚園教育実習では、子どもたちの園生活の様子に加え、運動会とその後の、……

……中略……

先生方から毎日丁寧なご指導と温かい励ましをいただき、幼児教育・保育に携わっていくという自分の目標を改めて心に誓いました。本当にありがとうございました。心より感謝してお礼申し上げます。

クラス担任の〇〇先生へのお手紙と、〇〇組の子どもたちへのカードを同封しておりますので、お渡しください

いますようお願い申し上げます。

それでは、〇〇幼稚園の先生方のご健康とご発展をお祈りいたしております。

敬具

令和二年六月二十七日

〇〇大学
〇〇　〇〇

園長　〇〇　〇〇〇〇先生

〇〇幼稚園

Q96-図1　お礼の手紙文例

Q 97 実習経験をその後の学習にどう生かせばよいのでしょうか？

A 実習期間中は全力で子どもたちと関わり，保育者の姿から多くを学び，帰宅後は日誌を書くことで精一杯で過ぎていくことでしょう。実習後は，そのような日々を思い出しながら実習日誌を手に取り，客観的に実習での学びや課題への取り組みに向き合うことが大切です。実習初期での省察も，実習後では，また違った見解が生まれることもあります。それは，実習を重ねることであなたが得た子どもへの理解が広がった証拠でもあります。子ども理解は，その時々の子どもの姿を捉えながら，継続的に省察することで深まっていきます。そういった振り返りを踏まえて，自分はどのような保育者になりたいか，実習で気が付いた自己課題をもとに，今後の学習プランを再構築するとよいでしょう。

また，養成校に戻ってからは友達同士の交流で，様々な園での実習体験を知る機会となります。実習でうれしかったことや失敗したこと，学んだことを人に話すことで自分の考えが整理でき，他園での様子を聞くことで，様々な園の方針や幼稚園教育についての幅広い理解につながります。率直な感想や学んだことを共有する中で，お互いに成長し合い，勇気づけたり勇気づけられたりして，なりたい保育者像や授業内容について語り合う関係性が芽生えます。そのような協同的振り返りや語り合いが，社会に出てからの協働性につながり役立つことでしょう。

最後に，実習で明らかになった課題はそのままにしておかず，整理する必要があります。実習期間中に疑問に思ったことを授業で確認したり，学びをさらに深めたりすることができます。実習経験から，学生という立場からだけでなく，子どもの目線から，保育者として，保護者としてなど，多角的にイメージを膨らませることで，多様な学びが期待できます。実学と座学を重ねて，あなたがめざす保育者像をより具体的に描いていきましょう。

第4章の確認のポイント

□自己評価と他者評価に差があることがあります。その理由を考えることが今後の学習へ役立ちます。

□事後指導は，実習を振り返る中で，今後の課題や学びを見いだす機会です。

□事後指導を通して，自己評価と他者評価の差に気付くことができます。

□お礼の手紙は，早く，きれいに，丁寧に，くずさず，実直に書きましょう。

□養成校で得た知識や技術を確認する場が実習です。実践でしか気付くことができない疑問や課題もあります。それらを様々な授業を通して学び足しましょう。

□子どもや保育者，保護者からの視点など，実習を経験したからこそイメージできることもあります。様々な立場から授業を聞くと，学習の幅も広がります。

付　　録

- ■実習記録の書き方
- ■指導案 1（部分実習）
- ■指導案 2（部分実習）
- ■指導案 3

■実習記録の書き方

> 1～2日目は1日の活動の流れ全体を把握し，事実を簡潔に記録する。

大路大学　学生氏名（●●　●●）

第1日／	令和2年3月2日（　月　）　天気　晴

担当	4歳児うさぎ組　（男児12名　女児13名　　計25名）

> 登園・降園時間を書く。

（登　園）	8時　30分　　　　　～　　　　（降　園）　17時　30分

時　間	環境構成	子どもの活動・子どもの姿	保育者の援助と配慮	実習生の動きや気づき
8:30	主な活動をあげるだけにとどめない。 〔準備物〕ブロック，積木，色紙，机2台，椅子人数分	○登園する。 ・保育者と挨拶をする。 ・連絡ノートに出席のシールを貼る。 ・持ち物の始末をする。 ○好きな遊びをする。 ・ブロックや積木で遊んだり，折り紙をしたりする。	・一人ひとりの子どもと挨拶をし，健康状態を把握して，保護者と連絡を取り合う。 ・落ち着いた雰囲気になるようにゆったりとかかわる。	・掃除をする。 ・一人ひとりの子どもと目線を合わせて挨拶し，積極的に話しかける。 ・子どもと遊び，コミュニケーションをとる。
9:10		○片付けをする。 ○帽子を被り，外に出る。 ・Aくんが風邪のため外に出ないで部屋にいるBくんに「だいじょうぶ？」と声をかける。	・片付けの確認をする。 ・帽子を被り，外に出るように促す。	
9:20		○体操をする。 ○園長先生の話と実習生の自己紹介を聞く。	・子どもたちにわかりやすいように大きな動作で体操をする。	・一緒に体操をする。 ・後ろの子どもまで声が届いているかを意識しながら自己紹介をする。

> 保育者が主語になる文を書く。

> 「保育者の援助」と「実習生の動きや気づき」を区別して記す。

> 子どもが主語になる文を書く。
子どもの名前はイニシャルで書く。

> 実習生が主語になる文章を書く。

・観察する子どもたちを絞って記録する。
① 最初は自分がかかわった子どもたち，やっていることに興味・関心をもった子どもたちの活動の記録をとる。
② しばらくして特に観察してみたい子どもが出てきたら，その子どもの記録を意識的にとるとよい。
③ 個々の子どもの活動を追えない状況ではグループの活動を追っていく。
・時間，環境構成，子どもの活動・子どもの姿，保育者の援助と配慮，実習生の動きや気づきを揃えて記す。
・子どもの活動・子どもの姿は，その場面で特徴的だと思われる子どもの言葉や思い（内面）を添えて書く。
・保育者の援助と配慮は，子どもの興味・関心・意欲・態度との関連性を考えながら書く。
・実習生の動きや気づきは，自分がどのような意図をもってやったかが分かるように記す。
・実習先から実習記録の書き方の指導を受けた場合は実習先の指導に従う。

■指導案 1 （部分実習）

実習生氏名	○○　○○		実習指導者	○○　○○
日時・天候	2019年　8月　29日（木）　晴れ			
クラス	うさぎ組　　　3歳児　　男児12名　女児13名　　　計25名			
主な活動名	自分で作って遊ぶ「紙とんぼ」			
本日に至るまでの子どもの姿	・仲の良い友達同士で，組み立てるおもちゃで遊ぶことが多い。 ・ハサミに興味を持ち，「ハサミ貸してください」ということがよくある。			
活動のねらい	・自分で作った紙とんぼで遊ぶ楽しさに気付く。 ・紙とんぼの飛ばし方を考え表現するなどの楽しさを味わう。			

時間	環境構成・準備物	予想される子どもの活動	保育者の援助及び配慮
10:00	（■保育者，○子ども） ○準備物 ・牛乳パック：人数分＋α ・ストロー：人数分＋α ・シール：人数分	○朝の挨拶をする。 ・保育者の周りに集まって座る。 ・おはようの歌を歌う。	・保育者の見える位置に子どもたちが集まっているか確認する。 ・子どもの表情を見ながら歌う。 ・安全に配慮してハサミを用意し，椅子に座るように誘導する。
10:10	準備物 羽(牛乳パック) 1.5×15cm×1枚 ホッチキスで留めたあとシールを貼る ストロー ○ホッチキスやシールを用紙し，余分に紙トンボを作っておく。	○紙トンボを作る。 ・ハサミを取り椅子に座る。 ・飛ぶものについて考え，作り方の説明を聞く。 ・牛乳パック・ストローをもらう。 ・牛乳パックを点線に沿って切り，羽を作る。 ・ハサミを片付ける。 ・牛乳パックを線に沿ってY字に折る。 ・ストローの切り込みに羽を差し込む。 ・保育者にホッチキスで留めてもらい，留めた部分をシールで固定する。	・飛ぶものの絵カードを使って，紙トンボを作ることを伝える。 ・グループごとのお当番に準備物を取りに来るように伝える。 ・ハサミの使い方を説明し，安全に注意する。 ・牛乳パックはいつも切っている紙や色紙よりも分厚く固いので，気を付けるように声かけをする。 ・ストローの切り込みに羽を差し込めているかを確認する。 ・一人ひとりの紙トンボをホッチキスで留め，子どもの指で取りやすいよう端を折ったシールを渡す。
10:50	○紙トンボを飛ばす時は，遊戯室に移動する。 ○紙トンボを置く場所を用意しておく。	○紙トンボで遊ぶ。 ・遊戯室に移動する。 ・飛ばし方を考える。 ・自由に飛ばして遊ぶ。	・遊戯室に移動するように伝える。 ・紙トンボを飛ばして見せる。 ・子どもの様子を見守る。 ・紙トンボを棚に置き，次への期待感を高めながら活動を終了する。
11:00			

反省及び考察	ハサミを使って作った紙とんぼを飛ばして遊ぶ子どもの嬉しそうな姿から，製作や遊びを通しての活動は，子どもの自己肯定感を高めることにもつながることが確認できた。

■指導案2（部分実習）

実習生氏名	○○　○○		実習指導者名	○○　○○
日時・天候	2019年　11月　8日（金）　晴れ			
クラス	すいか組　　4歳児　　男児11名　女児11名　　計22名			
主な活動名	たろうのともだち（フルーツバスケット）ゲームをする			
本日に至るまでの子どもの姿	・運動会を経験した子どもたちは，友達と力を合わせて最後まで頑張る姿がみられる。			
活動のねらい	・絵本「たろうのともだち」を見て，友達の素晴らしさに気付く。 ・絵本の中の登場人物になってゲームを楽しむ。			

時間	環境構成・準備物	予想される子どもの活動	保育者の援助及び配慮
10:20 10:30 11:00	準備物 ・絵本「たろうのともだち」 ・椅子（つみき）人数分 ・ペンダント人数分＋数個 ・ペンダントを入れるかご 保育者 椅子をまるく ならべる ※ゲームを開始するときは 保育者の椅子をひとつ取る	○保育者の周りに集まって座る。 ○絵本「たろうのともだち」を見る。 ・絵本の登場人物を思い出して話し合う。 ・ゲームの説明を聞く ・椅子を並べて座る。 ○「たろうのともだちゲーム」をする。 ・ペンダントを首にかける。 ・ゲームのルールを聞く ・鬼は「犬」「猫」「ひよこ」「こおろぎ」「たろう」から好きな名前をいう。 ・自分が呼ばれると他の椅子に引っ越す。座れなければ次の鬼となる。 ・「たろうのともだち」と言うと全員が引っ越す。鬼を交代し何度も続ける。 ○椅子を片付けて集まる。	・絵本の見える位置に集まるように促し集まったことを確認する。 ・子どもの表情を見ながら，ゆっくりとした速度で読む。 ・絵本の登場人物を確認してゲームに繋げる（ペンダント5種類を準備） ・安全に配慮して円形に椅子を並べられるように誘導する。 ・絵本の登場人物のペンダントを配りゲームを盛り上げる。配布時は選べるように多めに準備する。 ・実演を交えてルール説明をする。 ・最初の鬼には保育者がなり見本を示す。椅子は減らさずに全員が座れるようにし，慣れてきたら保育者の椅子を抜くことを伝えてゲームを始める。声の小さい子どもや選べない子どもには側について援助する。子どもが十分に楽しめた頃に「あと何回」で終わる事を予告する。 ・最後に鬼で終わった子どもに配慮して一緒にペンダントを集める。 ・全員が楽しめたかどうか様子を観察し，頑張りを認めて次への期待感を高めながら活動を終了する。
反省及び考察	子どもたちがよく知っている「フルーツバスケット」ゲームの応用だったので，ルールも理解し，絵本の登場人物になって楽しめた。		

■指導案3

実習園名	○ ○ 幼稚園			2020年度教育実習	
実 習 日	10月16日（木）	実習生名	○ ○ ○ ○	実習指導者名	○ ○ ○ ○先生
実 習 クラス	すみれ 組　5歳児　18名（男児8名、女児10名）			保育担当時間	8時30分～14時
ね ら い	・身近な素材で，自分だけのロケットをつくる喜びを味わう。 ・どのようにするとよく飛ぶか，くふうしながら，つくったロケットで遊ぶことを楽しむ。 ・友だちと協力して物事に取り組もうとする。				
内 容	・傘袋でロケットをつくり，飛ばして遊ぶ。 ・友だちと一緒にすきな遊びに取り組む。				

時間	環境の構成	予想される子どもの姿	保育者の援助と留意点
8:30	<登園のとき> ※子どもたちの持ってきた自然物はすぐに使えるように箱に入れ，製作机に出しておく。	○登園する。 ・挨拶をする。 ・シール貼りをする。 ・身辺整理をする。 ○すきな遊びをする。 <保育室>折り紙，ままごと， 　　　　自然物を使った製作をする。 <ホール>マット遊びをする。	・登園してきた子どもたちに，明るく挨拶をする。 ・一人ひとりの体調を確認する。 ・折り紙の折り方がわからず迷っている子どもがいたら，いっしょにつくりながら伝えていく。 ・マット遊びでは危険がないように気をつけて見守るようにする。
9:20 9:30		○片付けをする。 ○朝の集まりをする。 ・朝の挨拶をする。 ・保育者の話を聞く。	・片付けをするときには，一人ひとりに言葉をかけ，いっしょに片付けができるようにする。
9:45	<朝の集まりのとき> ○：子ども　●：保育者	・園庭にでて遊ぶ。 ・ブランコ，すべり台，砂場で遊ぶ。 ・運動会ごっこをする。	・運動会ごっこでは，子どもたちがやりたい種目を選び，準備や進行も自分たちで進めていく姿を大事にし，保育者もいっしょに参加して楽しむ。
10:30		○片づけをし，保育室にもどる。 ・手洗い，うがいをする。 ○牛乳を飲む。 ○傘袋のロケットづくりをする。	・牛乳を飲み終えるころに「このあとみんなでおもしろいものをつくるからね」と話し，期待をもって取り組めるようにする。
10:45	<製作のとき> ※準備するもの：傘袋30枚，ストロー20本，セロテープ・ガムテープ・紙テープ各4個，油性マジック4箱，下紙20枚，輪ゴム20個，広告紙・色紙（切りやすい大きさにしておく） ※各机に人数分渡せるようにしておく。	・保育者の話を聞き，机，椅子，はさみを準備する。 ・保育者のところに集まってつくり方を聞く。 ・各机につき，材料を机ごとに取りにいく。 ・広告紙や色紙をすきな形に切り，袋に入れる。 ・傘袋に絵を描きたければ，マジックで描く。 ・袋の口にストローをさし，空気を入れて膨らませ，口をねじってセロハンテープでとじる。 ・ガムテープで口を補強し，長ければ先を切る。 ・ロケットの後ろに紙テープで飾りをつける。 <傘袋ロケット>	・作品を見せながら説明し，飛ばして見せて「自分もつくりたい」という気持ちがもてるようにする。 ・切った紙を入れやすいよう「大きすぎたら入らないから気をつけてね」と伝えておく。 ・いろいろな形にくふうして切っている子どもには「おもしろい形だね」等言葉をかけ，その姿を認めていく。 ・「たくさん描くとなかに入れたきれいな紙が見えなくなるよ」と言葉をかけ，考えて描くことができるようにする。 ・一人ひとりの進み具合をよく見て回り，「できない」という子どもやうまくいかない子どもには，「こうしたらどうかな」等言葉をかけながらいっしょにつくっていく。 ・とくに口をねじってとめるところはよく見ておく。 ・早くつくり終えた子どもには，「あとで外で飛ばしてみるから，片付けをしながら待っていてね」と伝える。
11:25	※雨や強風のときは，ホールで遊ぶようにする。 ※ロケットがしぼんだり，破れたときのために，ガムテープと輪ゴムを持っていく。	○ロケットをもって園庭に出る。 ○園庭でつくったロケットで遊ぶ。 ・ロケットを飛ばして遊ぶ。 ・いろいろな場所から飛ばしてみる。 ・どこまで飛ぶか競争する。	・保育者もいっしょに楽しんで飛ばして遊ぶ。 ・「どうするとよく飛ぶか」「○○ちゃんのロケットそうやって飛ばすとよく飛ぶね」等言葉をかけ，自分なりにくふうして飛ばすことを楽しめるようにする。
11:45		○保育室にもどり，片付けをする。	

資　料

- ■幼稚園教育要領　目次
- ■幼保連携型認定こども園教育・保育要領　目次
- ■認定こども園と保育所・幼稚園との比較表

■幼稚園教育要領　目次

第1章　総則
　第1　幼稚園教育の基本
　第2　幼稚園教育において育みたい資質・能力及び「幼児期の終わりまでに育ってほしい姿」
　第3　教育課程の役割と編成等
　第4　指導計画の作成と幼児理解に基づいた評価
　第5　特別な配慮を必要とする幼児への指導
　第6　幼稚園運営上の留意事項
　第7　教育課程に係る教育時間終了後等に行う教育活動など

第2章　ねらい及び内容
　健康
　人間関係
　環境
　言葉
　表現

第3章　教育課程に係る教育時間の終了後等に行う教育活動などの留意事項

〈付〉　教育基本法
　　　　学校教育法（抄）
　　　　学校教育法施行規則（抄）

■幼保連携型認定こども園教育・保育要領　目次

第1章　総則
　　第1　幼保連携型認定こども園における教育及び保育の基本及び目標等
　　第2　教育及び保育の内容並びに子育ての支援等に関する全体的な計画等
　　第3　幼保連携型認定こども園として特に配慮すべき事項

第2章　ねらい及び内容並びに配慮事項
　　第1　乳児期の園児の保育に関するねらい及び内容
　　　　　健やかに伸び伸びと育つ
　　　　　身近な人と気持ちが通じ合う
　　　　　身近なものと関わり感性が育つ
　　第2　満1歳以上満3歳未満の園児の保育に関するねらい及び内容
　　　　　健康
　　　　　人間関係
　　　　　環境
　　　　　言葉
　　　　　表現
　　第3　満3歳以上の園児の教育及び保育に関するねらい及び内容
　　　　　健康
　　　　　人間関係
　　　　　環境
　　　　　言葉
　　　　　表現
　　第4　教育及び保育の実施に関する配慮事項

第3章　健康及び安全
　　第1　健康支援
　　第2　食育の推進
　　第3　環境及び衛生管理並びに安全管理
　　第4　災害への備え

第4章　子育ての支援
　　第1　子育ての支援全般に関わる事項
　　第2　幼保連携型認定こども園の園児の保護者に対する子育ての支援
　　第3　地域における子育て家庭の保護者等に対する支援

表1　認定こども園と保育所・幼稚園との比較

項目	認定こども園	保育所	幼稚園
根拠法令	「就学前の子どもに関する教育，保育等の総合的な提供の推進に関する法律」(以下，就学前教育・保育推進法)	児童福祉法第7条	学校教育法第1条
所管	厚生労働省・文部科学省・内閣府	厚生労働省	文部科学省
設置者	既存の制度と同じ	地方公共団体 社会福祉法人等 (2001年度から，企業法人，NPO法人などの設置が認められた)	地方公共団体 学校法人，宗教法人等 (2001年度から，社会福祉法人の設置が認められた)
設置認可	都道府県	都道府県，指定都市，中核都市	私立：都道府県知事または，指定都市，中核都市 公立：都道府県教育委員会
目的	幼稚園および保育所等における小学校就学前の子どもに対する教育および保育ならびに保護者に対する子育て支援を総合的に提供	「保育を必要とする乳児・幼児を日々保護者の下から通わせて保育を行う」(児童福祉法第39条)	「幼児を保育し，適当な環境を与えて，その心身の発達を助長すること」(学校教育法第77条)
対象児	0歳〜就学前のすべての子ども	0歳〜就学前の保育を必要とする子ども	3歳〜就学前の子ども
保育時間	利用児を，短時間利用児 (4時間利用) と長時間利用児 (8時間利用) に分けて保育	8時間を原則	4時間を標準 (ただし，1997年より「預かり保育推進事業」が創設され，4時間以上の保育も可
保育教育内容	保育所保育指針による保育・幼稚園教育要領による教育	保育所保育指針	幼稚園教育要領
入園手続き	保護者と設置者との契約 (幼保連携型，保育所型においては，市町村が保育を必要とする子どもの認定を行なう)	公私にかかわらず，市町村と保護者の契約。 保護者の申し込みにより，市町村が「保育を必要とする」子どもの認定を行なう	市町村 (公立)，設置者 (私立) と保護者の直接契約
利用料	施設が独自に設定	市町村が設定 (所得に応じて保護者の負担額が異なる)	幼稚園が独自に設定 (負担額は一定。ただし，就園奨励費として，所得により減免制度の適用あり)
職員の配置基準	(0〜2歳児) 保育所と同様 (3〜5歳) 短時間利用児は幼稚園に，長時間利用児は保育所に準じる。ただし，両利用児の共通利用時間については満3歳以上児による学級を編成し，学級担任を配置。この場合，1学級を35人以下とする	0歳　3：1 1・2歳　6：1 3歳　20：1 4・5歳　30：1	1学級35人以下を原則
職員の資格免許	(0〜2歳児) 保育士資格保持者 (3〜5歳) 幼稚園教諭免許と保育士資格の併有が望ましいが，いずれかを有するものであってもよい。ただし，学級担任には幼稚園教諭免許の保持者，長時間利用児への対応については保育士資格の保持者を原則とする	保育士資格	幼稚園教諭免許
設置基準	①舎 (※1) (1学級) 180㎡ (2学級以上) 320+100×(学級数−2) ㎡ ②保育室または遊戯室 (満2歳以上の子ども1人につき1.98㎡以上) ③屋外遊戯場 (※2) 1．満2歳以上の子ども1人につき3.3㎡以上 2．満2歳以上満3歳未満の子どもについて，1により算定した面積と次に掲げる面積を加えた面積以上であること (2学級以上) 330+30×(学級数−1) ㎡ (3学級以上) 400+80×(学級数−3) ㎡ ④調理室 (※3) (0〜2歳児の保育を行なう施設の場合) ・乳児室(1.65㎡/人)またはほふく室(3.3㎡/人)	・乳児室 (1.65㎡/人) またはほふく室 (3.3㎡/人) ・保育室または遊戯室 (1.98㎡/2歳以上児1人) ・屋外遊戯場 (3.3㎡/2歳以上児1人) ※保育所の付近にある場合でも可 ・便所　・調理室　・医務室	・保育室 (53㎡/学級) ・遊戯室，運動場 (2学級以下) 330+30×(学級数−1) ㎡ (3学級以上) 400+80×(学級数−3) ㎡ ※幼稚園と同一敷地内・隣接が原則 ・便所　・保健室・職員室 (兼用可)　・園舎 (2階建て以下が原則) (1学級) 180㎡ (2学級以上) 330+110×(学級数−2) ㎡

（※1）幼保連携型の建物については，同一敷地内または隣接する敷地内にあることが望ましいが，子どもに対する教育および保育の適切な提供が可能，かつ，移動時の安全が確保されていれば，この限りではない。

（※2）ただし，既存施設が幼保連携型，保育所型，地方裁量型の認定を受ける場合であって，1の基準を満たす場合，2の基準を満たすことを要しない。また，既存施設が幼保連携型，幼稚園型，地方裁量型の認定を受ける場合であって，2の基準を満たす場合，1の基準を満たすことを要しない。

また，幼保連携型，保育所型，地方裁量型にあっては，①子どもが安全に利用できる場所であること，②利用時間を日常的に確保できる場所であること，③子どもに対する教育および保育の適切な提供が可能な場所であること，④1，2の屋外遊戯場の面積を満たす場所であること，の要件を満たす付近にある適当な場所に変えることができる。

（※3）ただし，幼保連携型，幼稚園型，地方裁量型については，①認定こども園が業務上必要な注意を果たし得る体制が確保されること，②栄養士による必要な配慮が行なわれること，③衛生面，栄養面等，調理義務を適切に遂行できる能力を有する，④年齢，発達段階や健康状態に応じた食事の提供，アレルギー・アトピー等への配慮，必要な栄養素量の提供など，子どもの食事の内容，回数および時機に適切に応じることができること，⑤食育に関する計画に基づき食事を提供するよう努めること，の要件を満たす限り，外部搬入による食事の提供ができる。この場合においても，なお，調理のための加熱，保存等の調理機能を有する設備を備えるものとする。

引用（参考）文献

■1章
Q 8
芦屋市　2013　資料：保育所と幼稚園と認定こども園との比較表
　　http://www.city.ashiya.lg.jp/kodomoseisaku/shinseido/documents/kentou2-shiryou6.pdf（2019年12月9日閲覧）
Q16〜19
秋山和夫（編著）　1993　教育・保育双書11　保育内容総論　北大路書房
秋山和夫・森川直（編著）　1994　教育・保育双書1　教育原理　北大路書房
原田硯三・徳田泰伸（編著）　1992　保育の実践　北大路書房
文部科学省　2014　諸外国における幼児教育無償化の無償化制度に関する調査研究」, https://www.nier.go.jp/05_
　　kenkyu_seika/pdf_seika//h26/1-3_all.pdf.（2019年10月11日閲覧）
文部科学省　2017　幼稚園教育において育みたい資質・能力　幼稚園教育要領　フレーベル館　pp.5-6.
無藤隆・岩立京子（編著）　2003　乳幼児心理学　北大路書房
無藤隆・清水益治（編著）　2002　保育心理学　北大路書房
田中亨胤（編著）　1997　教育・保育双書2　保育原理　北大路書房

■2章
鈴木みゆき（編）　1989　実習のヒントとアイデア　萌文書林
Q24
文部科学省　1987　幼稚園における心身に障害をもつ幼児の指導のために　東山書房
文部科学省　2001　幼稚園における道徳性の芽生えを培うための事例集　ひかりのくに

■3章
倉橋惣三　1976　育ての心（上）　フレーベル館　p.45
Q38〜41, 43, 53
寳川雅子　2016　わかる！安心！自信がもてる！保育・教育実習完全サポートブック　中央法規出版
森上史朗・吉村真理子（編）　1991　保育講座18　教育実習　ミネルヴァ書房
無藤隆（監修）鈴木佐喜子・中山正雄・師岡章（編著）　2017　よくわかるNew保育・教育実習テキスト　改訂第
　　3版―保育所・施設・幼稚園・小学校実習を充実させるために―　診断と治療社
小櫃智子・守巧・佐藤恵・小山朝子　2017　幼稚園・保育所・認定こども園実習パーフェクトガイド　わかば社
鈴木みゆき（編）　1989　実習のヒントとアイディア―導入・展開・まとめ―　萌文書林
Q52, 54〜56
久富陽子（編）　2002　実習に行くまえに知っておきたい保育実技―児童文化財の魅力とその活用・展開―　萌文
　　書林
久富陽子（編）　2017　幼稚園・保育所実習 指導計画の考え方・立て方〈第2版〉　萌文書林
神永直美　2018　フォトランゲージで学ぶ子どもの育ちと実習日誌・指導計画〈第2版〉　萌文書林
小川清実　2010　演習 児童文化―保育内容としての実践と展開―　萌文書林
幼少年教育研究所（編）　2009　遊びの指導 乳・幼児編〈新版〉　同文書院
Q58, 59
井上勝子・重松三和子・城弘子・松田順子・松永恵子・青山優子（共著）　1998　新版改訂「乳幼児の運動遊び」
　　建帛社
Q67
三上利秋（編）　1992　保育表現2造形　幼稚園と保育所の保育内容―理論と実践―　田研出版
Q83
濱名浩　2018　保育内容 人間関係　みらい
河崎道夫（協力）あそび編集委員会（編）　2012　幼児のあそび大図鑑　もっともっとあそぼう！　かもがわ出版
Q80
毛利子来　1999　子育て迷い解決法10の知恵　集英社
Q87
児玉勇二（編）　1999　障害をもつ子どもたち　明石書店

■4章
Q94
畠山倫子（編）　2008　教育・保育・施設実習　三晃書房　pp.83-84.

島田ミチコ（編）　2008　幼稚園・保育所・施設実習ガイドブック［改訂版］　学術図書出版社　pp.51-52.
清水陽子・山崎喜代子・古野愛子（編）　2017　保育実習ガイドブック―理論と実践をつなぐ12の票―　ミネルヴァ書房　pp.139-142.
田中まさ子（編）　2015　幼稚園・保育所実習ハンドブック　みらい　pp.167-171.
Q95
石橋裕子・林幸範（編）　2016　幼稚園・保育所・児童福祉施設等　実習ガイド　同文書院　pp.270-278.
田中まさ子（編）　2015　幼稚園・保育所実習ハンドブック　みらい　pp.166-167.
Q97
百瀬ユカリ　2015　よくわかる幼稚園実習［第二版］　創成社　pp.146-150.
大豆生田啓友・高杉展・若月芳浩（編）　2014　幼稚園実習　保育所・施設実習［第2版］　ミネルヴァ書房　pp.168-171.

編者紹介

民秋　言（たみあき・げん）

京都府に生まれる

1971年　東京教育大学大学院文学研究科博士課程修了

現　在　白梅学園大学名誉教授

〈主　著〉　改訂　子どもと人間関係（共著）　萌文書林　1990年

改訂　保育内容総論（編著　萌文書林　1992年

保育者と保育者養成（共編著）　栄光教育文化研究所　1997年

外国人の子どもの保育（共著）　萌文書林　1998年

保育者論（編著）　建帛社　2000年

保育ライブラリ　保育原理（編著）　北大路書房　2003年

保育ライブラリ　保育内容総論（編著）　北大路書房　2004年

安藤和彦（あんどう・かずひこ）

京都府に生まれる

1972年　同志社大学大学院文学研究科修士課程修了

現　在　ユマニテク短期大学教授

〈主　著〉　社会福祉行政論（共著）　圭文社　1984年

京都市児童福祉百年史（共著）　京都市児童福祉センター　1990年

教育・保育双書　養護原理（共著）　北大路書房　1992年

保育原理（共著）　圭文社　1993年

教育・保育双書　児童福祉（編著）　北大路書房　1994年

わかりやすい仏教保育総論（共著）　チャイルド本社　2004年

米谷光弘（よねたに・みつひろ）

兵庫県に生まれる

1983年　兵庫教育大学大学院学校教育研究科修士課程修了

現　在　西南学院大学人間科学部児童教育学科教授

〈主　著〉　幼児の心身発達と生活構造に関する研究　学術研究所研究叢書　1999年

心理学者が語る心の教育（共著）　実務教育出版　1999年

新版　幼児の体育（共著）　建帛社　2000年

新現代教育原理（編著）　学文社　2000年

幼児教育法　保育内容総論（編著）　三晃書房　2002年

上月素子（こうづき・もとこ）

兵庫県に生まれる

1998年　聖和大学大学院教育学研究科幼児教育学修士課程修了

現　在　社会福祉法人四恩こども園理事長

〈主著・論文〉3歳未満児保育における遊び　日本保育学会論文集　1980年

保育内容　造形表現の探求（共著）　相川書房　1997年

海外子女をとりまく教育環境の多様化と変容に関する3カ国比較—マレーシア・中国・オーストラリア（共著）　松下国際財団研究助成論文集　1999年

異文化における子育て　学習研究社　2003年

大森弘子（おおもり・ひろこ）
　　　兵庫県に生まれる
　　2019年　兵庫教育大学大学院連合学校教育学研究科博士課程修了
　　現　在　佛教大学非常勤講師（学校教育学博士）
〈主著・論文〉保育者のための自己評価チェックリスト（共著）　萌文書林　2015年
　　　　　　教育課程・保育課程論（共著）　中央法規　2016年
　　　　　　保育原理（共著）　教育出版　2016年
　　　　　　子育て支援を促す保育者支援プログラムの開発　家庭教育研究　第23号,
　　　　　　　13-24.　2018年
　　　　　　保育内容指導法「言葉」（共著）　建帛社　2019年

新 保育ライブラリ　保育の現場を知る

幼稚園実習［新版］

2020年3月20日　初版第1刷印刷
2020年3月31日　初版第1刷発行

定価はカバーに表示
してあります。

編 著 者	民　秋　　　言
	安　藤　和　彦
	米　谷　光　弘
	上　月　素　子
	大　森　弘　子
発 行 所	㈱北大路書房

〒603-8303　京都市北区紫野十二坊町12-8
電　話　(075) 4 3 1 - 0 3 6 1 ㈹
ＦＡＸ　(075) 4 3 1 - 9 3 9 3
振　替　0 1 0 5 0 - 4 - 2 0 8 3

©2020　　　　　　　　　　印刷・製本／亜細亜印刷㈱
検印省略　落丁・乱丁本はお取り替えいたします。

ISBN978-4-7628-3105-8　　　Printed in Japan